ヒューマンネイチャーと社会

—近代経済社会を解く思想の扉—

伊藤　哲 著

八千代出版

はじめに

私達は今という時を過ごしています。時間は止まることを知りません。そのことは、私達が過去を意識し、同時に未来への期待と不安感をもつことを意味します。また、私達は産声をあげてから現在まで与えられた自らの環境のなかで生活をしています。さらに、その生活の場はこの地球上にあり、日本という国家に属し、自らが家族あるいは親類縁者とともに暮らしている地域社会であり、その場所＝生活空間は、多くの制度と組織と慣習——風土と文化——を歴史的背景とともに備え、私達に様々な影響を与え続けています。

さて、「あなたは、あなたの今いるこの環境から抜け出したいですか？」という問いにどう答えるのでしょうか。ある人は現状に満足し、終生この社会に安住することを決めているだろうし、ある人はこの社会に多くの不満を抱えて、脱出計画を現時点で立てているかもしれません。あなたにとってこの現代社会への満足度はどれくらいでしょうか。この場合、「社会」という語句のなかには多くの意味が含まれています。たとえば、「○○社会」という言葉を考えてみてはどうでしょうか。この「○○」に当てはめることのできる語句は無数に存在するでしょう。政治、経済、市民、情報化、高齢化、あるいは成熟等々、想起できる語句にはかぎりがありません。私達の社会はまさに多くの諸分野・諸状況・諸問題を包括的に抱えているのです。社会は多面性と多様性、あるいは同質性と異質性をも併せもち、その一側面を語ることは確かに一つの真実であるかもしれないし、他方であらゆる分析視角から抽出した結論自体が社会のほんの一部分に辿り着いただけということになるかもしれません。

では、私達は社会をどう捉えたらよいのかといえば、手始めとして、やはり人間個々人の結合関係、さらにはある種の共同体を想起することから始めるのが妥当かもしれません。とはいえ、議論はそう簡単ではなく、人間といった場合でも、古典古代から一個人が自立していたのではなく、初めから共同体あるいは共同的意識をそれぞれがもっていたわけでもないでしょう。

では私達の日常で頻繁に使われている「市民」という言葉を含んだ社会、つまり「市民社会」をまずは考える端緒としましょう。

「市民」という語はすでに私達を取り囲んでいます。しかしながら、日本人の私達が使う「市民」と欧米人の使うそれが非常に異なっていることは多くの識者が語っているところです。佐伯啓思氏は著書『「市民」とは誰か』(PHP新書、1997年) で、戦後民主主義における日本の社会は「市民社会」ではなく、「私民社会」であると苦言を呈しています。また、氏は古代ポリスが共同防衛体であり、そのポリス市民は祖国の共同防衛の義務を有し、そのことを自らの誇りとしていたことを約説しながら「市民」の起源を説き明かします。そして、氏は現代の私達に向かって「祖国のために死ねるか」と問い掛けるのです。

「市民的」=「civil」には、次の三つの訳語——「非教会的」、「非軍事的」、「非官僚的」——があります。端的にその状況を述べれば次のようになるでしょう。私達は大昔から多くの理不尽な呪縛からこの身を解き放ってきました。拠り所のない悲惨さ、すなわち運命として抗しがたい時勢に身を任すところからの個人の自立が「市民」の内実を表しています。宗教的世界からの精神的自立、平和的世界の構築=国家間における軋轢の回避、さらに支配者ならびに支配的組織・階級から受ける圧力の排除。まさに「市民」であることは、独立した自らの意志で立つ個人であるとともに、自らが属する祖国に対して義務と責任をもつ個人なのです。私達は本当にここまで重要な内実をもつ個人であり得るでしょうか。また、個人として他者を敬い、国家に対して公共的精神を発揮できる存在として生きているのでしょうか。

上記の問い掛けは、社会のなかの個人のあり方とその歴史を尋ねています。私達は、「社会」を歴史的に考察する必要性があることを感じませんか。現代社会は多くの諸問題——少子高齢化・デジタルデバイド・新貧富格差等――を抱えているとはいえ、あなたは今日の食事に不自由しないし、他者が何の理由もなくあなたの命を奪うということもありません。さらにいえば、この経済社会では、あなたはもし欲しいモノがあれば、アルバイトで稼ぐことによって何の苦もなくお目当てのものを入手することも可能でしょう。

社会的環境は時代によって移り、その時代の社会環境のなかで生活する人々は少しでも自らの生活状況を改善したいと望んでいたに違いありません。だからこそ歴史的経緯のなかで、時代的諸問題が提示され、その解決策が考えられ、施策され、制度化・体系化された組織や社会が姿を現し、自らの生活現場を改変（時には、改善であり、また時にあっては改悪かもしれませんが）することに私達の先人達は努力してきました。

各々の時代背景をもった諸問題の発見とそれへの問い掛けは、当然、日常生活を経験している多くの人々の感覚に不快感や困惑を生みます。それら自身が感覚的対処方的思考に止まるかぎりは、後世には明確に伝えられないでしょう。となれば、私達は上記の人々と同時代を過ごした鋭敏な感覚と論理的思考を有するある知識人達の思索とそれらの作品（＝解決への処方箋）を眺めることによって、各時代的環境のもとで何が議論の対象として取り扱われていたかを知ることができます。

ここまで来ると、「社会」の意味する内実――広がりと深さ――が、私達が確認すべき対象であり、その必要性が判明するでしょう。まさに、歴史的時空のなかでの人間社会の発展形成の歴史を、私達は探っていかなければなりません。その考察が「社会」の出来事の「歴史」として「社会史」的事実を私達に伝えてくれると同時に、また、人々が自らが生きている時代環境のなかで挑んだ諸問題の分析とそれへの解答をもうちに含んでいるのです。各々の時代人の諸問題の分析と解答こそ、私達現代人が直に接することのできる作品としての彼らの書物と言葉なのです。

では、その作品としての「思想」の歴史とは何でしょうか。これはすでに披瀝したことですが、各時代人の経験した諸問題に真摯に取り組んだ知識人達（それが思想家と呼ばれようが、経済学者、政治学者、哲学者であろうが）が、その共同体あるいは社会が生み出した摩擦と軋轢にどう立ち向かっていったのか、翻って、彼らはその時空の人間と社会、または自然をどのように把握し、認識し、解決への糸口を導出しようとしていたのかを、私達は彼らの思索の結果である作品（論文であれ、エッセイであれ）をとおしてみていきます。彼らの「思想」、すなわち考えた結果としての作品＝書物を考察対象とするとき、「思想」としての人間と社会の歴史的変遷を私達は理解することができるようになるのです。

このテキストでは、各時代環境の社会のすべての矛盾を取り上げることは不可能に近いので、それぞれの思想家・学派における人間本性（human nature）観と社会観（＝時代のなかでは、世界観であったり、宗教観であったりしますが）を二つの柱として概観し、考察していきます。さらに、時代的比較検証を行うことによって、現代の諸問題との差異と同一性も検証、確認したいところです。

また、いつも考えてほしいのは、私達は本当に新しい問題群に対峙しているのか、ということです。すでに提起されている諸問題も外観を変えて、もしかすると、リニューアルという現代性の仮面をつけて登場してきたに過ぎないものもあるかもしれません。そこで、各人が、各々の思想家の分析手法（＝思索）を学ぶと同時に、それらを自らの頭で考えるときのツールとして、あるいは自らの思想構築の土台として活用する習慣を身につけていただければと思います。というのも、上記の思索的行為から私達一人一人が自らの意見を提起できるとき、私達は本当の個人として、他者と社会に真摯に向き合えると思うからです。私達は決して、過去の人間と社会を無視し、決別して生きているわけではありません。先人達のこれまでの経験的、歴史的思索と行為の積み重ねの延長線上に立っていることを忘れてはなりません。

各時代の人間本性を捉えることは、社会のなかの個人のあり方を問うことですし、各時代社会の核としての人間の分析視角を検証するということは、それぞれの社会構成やその体制を理解することを意味します。そうであれば、現代社会でも私達個々人がどう取り扱われているかをみれば、社会・国家・世界との関わりもある程度検討することも可能となります。そのためにも、本書では、その考察を助けるために、これまでの思想家の歴史的思索を概観することによって、同じことですが、これまでの人間本性と社会を振り返ることによって、近代経済社会の成り立ちを理解し、その後の私達の現代社会（資本主義、グローバル、ＩＴ化等々）を各自が自らの問題関心に立ち、それぞれの角度から諸問題に挑んでいく気構えをつけてくれることを望みます。

最後に、とくに、本書で取り上げる人物・学派は次のとおりです。前半では古代ギリシアからルネサンス・宗教改革までを取り扱うことから、プラトン、アリストテレス、ストア学派、トマス・アクィナス、マキアヴェリ、エラスムス、トマス・モア、ルターを、後半では近代を強く意識して、イギリス経験論と社会契約説から出発し、近代市民社会成立＝近代商業社会――経済社会の原型――の成立までを扱うことから、ホッブズ、ロック、シャフツベリ、マンデヴィル、ヒューム、スミスをキーパーソンとして彼らの人間本性観と社会観を把握し、さらにはイギリス以外の国々の思想家も射程に入れ、かつ現代思想にも必要なかぎり言及していきたいと考えています。

また、各思想家の思索の根幹を捉えるということでは、概説書的な説明をせざるを得ない場合もありますが、本書はテキスト――専攻への導きの書――として親しみをもってもらうため、極力、思想家の生の声――ただし、書物の言葉ですが――を直接皆さんに届けたく思い、原典からの引用を増やしました。とはいえ、読み進むのに「注」を多くすることは、読むという快感とスピードと関心を壊す恐れがありますので、引用の場合には、掲載所在のわかる程度に止めました。もし、皆さんのなかで、ある思想家の言葉が心に響くものであったなら、是非、原典を繙いてほしいのです。私達の人間と社会の本質を問う書物＝思想に古典や現代の壁はないものと私は思っています。

目　次

1講　プラトン（前427―347）

1　イデア論――天上界と地上界を結ぶ人間存在

プラトンは名門貴族の出身で、20歳頃ソクラテスの弟子となりました。ソクラテスの死後、前387年頃に「アカデメイア」と呼ばれる学園を創設し、若者を教育し、理想国家の統治者としての人間を育成することを意図したのです。晩年、シチリアでディオニシオス2世の下で、理想国家実現を図ったのですが、失敗に終わりました。

さて、プラトンの哲学――人間観、自然観、国家観等――を理解するのに彼の「イデア論」を抜きに考えることはできません。しかしながら、彼のイデア論はきわめて抽象的規定の上に立っているので正確に理解するには困難をきわめるので、簡潔に次のように約説してみましょう。

イデアは英語でみられるとおりidea（=ideè）であり、「考え方」、「概念」等の意味で私達はすぐに了解できるところです。しかし、プラトンのイデアは何かと問われれば、「存在の原型」という言葉がぴったりと当てはまります。それを説明する前に、プラトンの世界観を簡単に確認しましょう。彼は、この世界を知性界と現象界とに区分します。知性界とは精神あるいは魂の内的世界といえるでしょうし、現象界は外的世界であり、私達を取り囲む自然界ということができます。ただし、次のように述べたほうがいいかもしれません。

上記で示した現象界からイデアの内容を掴むことにしましょう。私達のこの現象界＝自然界で私達は自らの肉体の存在を意識し、かつ自らが製作した作品（＝モノ）を確認することとなります。例えば、私達の教室を見渡してみると、いわゆる「イデアを内在した存在物＝作品」に対面します。それらは机であったり、椅子、黒板であったりと。私達はそれらの名称を聞けばどのような用途をもっているか、また、その材質等までもある程度は想像がつくところです。机であれば木製の滑らかな表面をもち、もしかすると４本の脚はステンレスであるかもしれません。このとき机の存在、すなわち机のイデア＝存在の原型は私達の頭のなかにあります。プラトンは次のように述べます。「そのイデアのある部分が含まれている」と。もう少し明確にいえば、「今、目の前にある机の存在としての原型が、現象界で体現され（＝製作され）、私達の目の前に現れるのだ」と。机の存在としての原型＝イデアは知性界にあり、それが現象界という私達の生活の場に模倣されるということになります。

このように私達の周囲には多くの品物がある分、多くのイデアが存在することになります。では、人間は何のイデアの模倣化＝具現化であるかというと、神が人間にとっての存在の原型ということになります。すなわち、先程示した現象界＝自然界のモノ、そのなかで製品化された諸々は、プラトンがいうには、いわゆるデミーウルゴス（＝神）が統一的世界のイデアを天上界にもち、人間がその世界を地上界に作成したものに他ならないということです。人間の働きとは、自らの魂のなかでイデアを獲得（＝知識あるいは原型の存在の認識）することによって、神が天上界＝知性界に成した世界をこの世＝現象界＝地上界に実現していこうと努力することです。

2　イデアを追究する人間とは——ソクラテスの死

もう一つ確認しておくべきことがあります。それはプラトンが人間の魂と肉体をどう捉えていたかということです。

人間は魂のなかに理性をもち、それは先程述べたようにイデアの記憶を内包しているか、あるいは知識を獲得することによって究極的＝神の統一的世界のイデアを模していく存在です。ところが現象界の存在である人間は肉体をもっている。肉体をもつということは、感情すなわち欲望をもつということで、あるときには魂は肉体の支配下に入ってしまう。そのような状態のときには、人間は当然のことのようにイデアを探究することが不可能になるから、人間自身は不幸な状態にあることになる、とプラトンはいいます。ですから、人間が幸福であるためには魂と知性が肉体を支配するときに、また人間の魂が肉体を放棄したときに初めて人間の幸福が訪れるということをプラトンは過激にも考えるところがあります。彼の述べる真の人間は生きているかぎり神のイデアを探究し、イデアを模倣＝具現化することを行うかぎりにおいて、現世では幸福を手に入れることができるのです。ところが現実問題として、そのような形でイデアを探究していく人間がどのくらいいるでしょうか。

古代ギリシアのポリスで、アテナイで、その対象となる人々は自由人であるギリシア人です。それ以外の人々、生産に従事している人、奴隷も含めて彼らはその対象から外れます。しかしながら、プラトンはアテナイの自由人＝自由市民にそれをみていたということではありません。彼の師であるソクラテスにその姿をみていたのです。ただし、師ソクラテスは公開裁判にかけられ処刑される運命を受け入れたのです。プラトンは確かに『ソクラテスの弁明』を著し、師の偉大さを示しましたが、それ自体不幸な出来事であるけれども､哲学者として不可避的な死であったと考えていたといえましょう。

ソクラテスは民衆に自らの信ずるところ＝哲学を説きました。しかし、当時のアテナイではソフィスト（＝弁論家、詭弁家）がもて囃されていたのです。彼らソフィスト達はイデアを追究する素振りはみせますが、見せ掛けの善や正義を言葉巧みに大衆に説き人気を博していました。彼らを受け入れるアテナイの街では、師ソクラテスの方が民衆を惑わせる不届き者との扱いを受ける結果となったのです。まさに彼は当時のアテナイに、その民衆によって葬り去られたのです。

プラトンは鮮明にその光景をみつめ、アテナイという都市国家自体が腐敗し、その腐敗した国家が腐敗した民衆を作ったという結論に達したのです。従って、プラトンの目指す理想は正しい完全な国家の建設に向かいました。そのためにはイデアを追究できる人間＝哲学者を育てること。その哲学者が国家権力を握ることによって、完全な国家――神の国の似像としての国家――をこの地上界に模倣＝構築することがプラトンの主題となったわけです。このような事情から、プラトンの『国家篇－正義について－』のなかに「哲人王」の発想が誕生したのです。真実在としての国家を統治するのに相応しい哲人王、そして哲学者が生きていける環境、それぞれの階級が自らの機能を果たすことで調和と均衡――正義――がとれている国家の建設こそが『国家篇－正義について－』におけるプラトンの主張でした。

3 『国家篇－正義について－』――プラトンの構想

1 国家の守護者の必要性

プラトンは国家の建設を上記のように説き、究極のイデアを追究する哲学者すなわち統治者階級を育てることに主眼を置きました。プラトンにとって、知ある者が権力を掌握することは一つの権利であり義務であると考えています。しかし、すべての人が統治者として国家を治める資質をもっているわけではありません。プラトンは次のように考えます。人間は小国家であると。またその反対も真であると。副題の「正義」が国家においても人間においても重要な意味をもってくることは後で確認しましょう。

究極のイデアを追究し、国家を任せられる哲人王を育てる環境、すなわち教育の重要性をプラトンは指摘します。教育の目的は、国家の守護者を育てることにあると。その前に、プラトンはなぜ国家の守護者は必要不可欠となるのかを次のように説明しています。

国家の形成・構造過程において、彼はまず、小部落的な共同体が国家の原型であるとします。その共同体にはそれぞれの必要に応じた職人が集まり、彼らは他者の利便性（アダム・スミスが述べる利益追求のみで、慈愛心のない人々ではなく）を考え、国家公共のために集まって自らの職業に精を出す、そのような集団を小国家の原型としてプラトンは提示しています。

その国家では漸次内部個々人の富が拡大――確かに贅沢をする者も現れます――し、その帰結として国家全体の富が増大することになります。一国が富むということは外敵を作ることとなるため、国を守り、国家公共を保護し、貢献する集団が必要になってきます。しかしながら、その集団は外敵を撃破しますが、一方で、自らの力を国家内部に行使することも可能性として想像できます。しかしながら、上記のように自らの国家に歯向かうことが自己の義務違反であることは明白です。国家の守護者は国家公共のために自らの力を行使する存在だからです。プラトンはその守護者階級を育成すること、そして彼らが統治者としての哲人王を手助けする人々であることを強調します。教育はまず、国家の守護者の育成に充てられることとなります。

2 教育が人間と国家を創造する

この項では、プラトンの国家の守護者の育成論を概観しましょう。

プラトンは、これまでの幼年期の教育課程の不適切性を挙げて、幼年期にこそ厳格な道徳心として神に敬意を表する教育が必要であることを述べます。その理由として、オリンポスの神々があまりに人間的な行為をするので(作り話であり、その人間味が私達に親近感を抱かせますが、一方でその神々は残忍さをまた狡猾さをもって描かれてもいます)、プラトンが考える（善・正義を司る）神の観念にそぐわないのです。あくまで、神は人間の上位に位置し、私達人間にとって畏敬の念を生む存在でなければならないからです。

教育とは、まさに知を探究することに他なりません。知を探究することは神の統一的世界のイデアを追究する環境の整備＝教育へプラトンの関心を向かわせたといえます。

プラトンは幼児期が終了すると、次に「体育（ジムナシケー)」と「音楽(ムーシケー)」を修めることを要求します。とくにギリシア時代の「音楽」

は今でいうそれ自体ではなくて、学問と芸術を含めた「学芸」という内容を豊富に含んでいたのです。「体育」で肉体を鍛え、「音楽」で学芸の素養のある教養人を育て上げるのです。このように自由人は将来アテナイの市民となるべく肉体的・人格的形成を行っていきます。次の段階として、学問を、すなわち知の探究をするべき人を見極め、拾い上げていく重要な分岐点を通過することになります。その分岐点あるいはその選抜試験で傾注されるべき点は次の事柄です。学問は外側から教えるものではなくて、自らが知的労苦を注ぐことによって獲得するものであるということです。そして、プラトンは、その労苦を請け負って自らの魂を形成するかしないかは学ぶ者の自由に任されているといいます。

上記の知的労苦を請け負った者が――中等教育段階ですが――次の軍事訓練および兵士としての義務、もっと正確にいえば、生涯続くところの国家公共への奉仕の仕事を始めることとなるのです。その後、20歳になって再び試験を受け、合格した者が約10年の学問研究の期間に入り、学問的人格を身につけることになります。その後、彼らが本当に哲学をするのはやっと30歳になってからとなります。では、なぜ哲学を修める時期をここまでプラトンが延ばしているかは、次の理由を聞くことで私達は納得できるでしょう。

> 「現状では、子供から大人になったばかりか、青年になり、商売を始める前に哲学を齧り、哲学の最も困難な部分に近づいた頃には、もう離れていってしまう。こんな連中にとっては、その後、哲学論の聞き役にまわるようなことがあっても、哲学議論が彼らにとっては片手間のこととしてなすべきだと思っている。最後に、老年になると、ほんの少数の例外を除いて、彼らの内なる火はすっかり消え、ヘラクレイトスの太陽よりもずっと完全になくなってしまう。」

プラトンが述べるところによると、哲学をするということは、円熟した年齢の者がやるべき仕事です。哲学的努力とは、知力、忍耐力、真理への愛という資質があって初めて行われるものですから、この哲学的努力ができる人は何と少ないことか、とプラトンは繰り返し嘆き語っています。哲学をするということは生易しい仕事ではない、ということは私達も理解できるところです。

さて、哲学を修めた後、彼らは戦列＝国家公共への実践的奉仕へ戻り、人事や世間のことについて15年間程度、最高評議会を構成している賢者たる哲人王の補助者となります。こうして50歳になったとき、「善そのもの」＝神の統一的世界のイデアをみたなら、この哲人王の地位に就くこととなります。彼らがこの地位に就くのはただ国家公共のためなのであって、止むをえない仕事として彼らは治世を担当するのです。

このように正しき国家においては、哲人王すなわち知のみが力の行使を裏づけるものとなります。知には権力を行使する義務が課せられます。この国家の守護者は国家公共のために知を行使＝イデア追究を行っていくのです。プラトンにとって、所有欲は忌み嫌われるもので、守護者になればそのようなものが無価値であることがわかるといっています。彼らは国家を支配するのではなく、国家に奉仕するのです。その行為こそが彼らにとっての幸福なのです。また、国家権力は認められるもので、押しつけられるものではありません。プラトンは教育の過程で、国家を構成する人々に諸々の価値の本来の秩序についての理解が行き届けば、知に対する尊敬の念は自ずと生じてくるとしています。その結果、一般大衆は守護者としての哲人王とその補助者を尊敬するようになり、権力は認められることになります。このようにして、最高の知＝神の統一的世界のイデアによって秩序づけられた完全な国家が建設されることになるのです。

3 「正義」について——適正なる調和

プラトンは国家に次の三つの徳性が備わることを述べています。「この国家には、知恵があり、勇気があり、節制を保ち、正義を備えていることになる。」

国家の「知恵」は取りも直さず哲人王・守護者階級のもつ徳として、次の「勇気」は哲人王・守護者階級の指示を命を賭けて遂行する実行部隊としての軍人階級のもつ徳として、また、「節制」は欲望に動かされやすい生産者階級（＝一般大衆）が自らの欲情を抑えるための徳としての意味をもちます。さらに、それぞれの階級が自らの働きをし、他の階級の領域に介入しない状況こそ、プラトンは「正義」の成立している完全な国家であると述べるのです。次の叙述がそのことを端的に表しています。

「……すなわち、金儲けを仕事とする種族（＝生産者階級）、補助者の種族（＝軍人階級）、守護者の種族（＝哲人王・守護者階級）が国家においてそれぞれ自己本来の仕事を守って行う場合、このような本務への専心は、さき〔＝「不正」〕とは反対のものであるから、正義にほかならないことになり、国家を正しい国家たらしめるものであることになる。」

（〔　〕は引用者）

さらに、プラトンは類比的に国家の上記の３階級と徳性構造が、個人としての人格さらには肉体のなかにも当てはまる旨、提示しています。それは人格的には知性、気概、欲望に、また肉体的には頭、心臓、胃袋に例えられています。換言すれば、健全な均衡のとれた人格として、また肉体的には健康体としての、さらに健全・健康な一個人の形成環境こそが自己のなかに正義を体現していることを意味します。当然、上記の３部分の調和的運動が乱されるとき、魂の不調和を生み、その行為は不正ということになるのです。

このように、プラトンは大人間＝国家を考察することによって、小国家としての人間の分析をも同時に行ったといえます。ですから、国家において、上記の３階級が各々に持ち分としての仕事をこなしている状況＝調和が達成されたとき、正義もまた達成されているのです。さらに、健全なる人間の精神もまた、知性と気概と欲望が適正にそれぞれの役割を果たしているとき、人格的にそこでは正義が体現されていることになるのです。

2講 アリストテレス（前384—322）

1 イデア論批判

1 悪というイデアは存在する？

アリストテレスは17歳でアテナイへ行き、プラトンの門を叩き師の死まで、20年間教えを受けました。本質的に絶対的な神概念をもっているところには大きな相違はないのですが、アリストテレスは師プラトンのイデア論について納得のいかないものを感じていたようです。それというのも、師のイデア論では、統一的世界の存在の原型（真実在、実相）から現象界の各個物にイデアが分有されていることになり、究極的・絶対的なイデアがあって初めて現象界の存在が認知されることになり、師プラトンは演繹的にイデアの存在を認めていたことになるからです。

さらに、プラトンが理想とする国家論は、統一的世界の善のイデアが知性界に存在し、私達人間はデミーウルゴスの世界を真似て社会・国家を造っていくことになります。そこでの指導者としての哲人王と守護者階級に属する人々は、その行為＝奉仕によって、そこで幸福を見出していくところは先に概観したとおりです。プラトンにおいては、このようにイデアを模倣することが人間としての幸福追求を意味していたわけです。

とはいえ、私達の現象界における悪人や犯罪の発生と存在においてもそのなかにイデアをみることができるのでしょうか。それがアリストテレスの素朴な疑問です。善としてのイデアの分有の存在が悪になりうるかというように置き換えてもいいでしょう。知性界におけるイデアは存在の原型であり、現象界でのその模倣は幸福への道であったことを考えると、これはアリストテレスが指摘するように矛盾となります。

2 素材から完成品へ＝可能態から現実態へ

では、アリストテレスはどのように現象界における存在＝個物をみていたのでしょうか。彼は、まず、イデア＝存在の原型と現象界の存在物に同じ名称を与えるのは、同語を増やすだけで、それだけでも混乱をきたすのだから、そのようなところで明確な認識をもってイデアを掴むことができるのであろうかと疑問視します。

アリストテレスは次のように考えます。いわゆる自然界の存在物、すなわち個々のモノはその自然のあるがままの状態にあるということを私達は認識すべきである、という指摘です。アリストテレスはこのように経験に基づいた手法を用いて分析を行います。次の椅子の材料から完成品（＝完成態）への過程における説明が、アリストテレスの分析手法を簡明に私達に伝えてくれます。

椅子が目の前にあります。私達の前に椅子があるという事実が大前提となります。では、なぜこの椅子が現象界に存在しているかということが次の問題となります。先に触れたように、プラトンではイデアという存在の原型としての椅子の概念がすでにあり、それに合わせて＝それを模倣することによって現象界の椅子が作られます。そしてその椅子のなかにイデアの分有をみることができます。しかしながら、アリストテレスは次のように師プラトンのイデア概念を批判します。プラトンのイデア論の議論のなかに「運動因」があるのですか、と。より簡略化すれば、あるモノが生成するという姿、つまりそのモノが形作られる過程がどのように把握できるのですか、と。ですから、プラトンの述べる知性界と現象界はただ二つの世界に椅子が存在する（右から左にモノを動かしただけ）という静的な世界、つまり時間の経過を考慮に入れない世界で、イデアの分有でいっぱいになってしまうというわけです。では、アリストテレスは上述の「運動因」をどのように自らの説明に取り入れたのでしょうか。

その点について、アリストテレスは椅子をその素材と形相（＝形、姿）に一度区分して、その解説に運動因と目的因を導入することによって、存在物の生成をみていこうとします。まず、素材と形相の関係ですが、プラトンのように知性界のイデア⇒現象界の存在物という関係ではなく、アリストテレスの場合、素材としての材木⇒完成品としての椅子という関係で、現実の世界で素材と形相を確認することができます。これ自身がプラトンのイデア論批判であることはすでに私達は理解できるところです。

材木から椅子への移行、すなわちある素材がある完成品へとでき上がる過程において運動因としての職人、彼の内面（＝思考）における目的因をアリストテレスは挙げます。職人が手元にある材木を使って、自らの製作目的である椅子を自らの技を用いて自らの思い描いたように完成させるという行為が、ここでみて取れます。同じような行為は建築家においてもいえるでしょう。建造物の図面を引くこと、すなわち建物の実現に向けての目的、さらに、彼が建設現場で指揮をとることで、単なる材木が組まれていくことによって完成品へ近づいていくという過程＝運動が全体の流れとして把握できるところです。

このような流れを整理してみると、ある完成品の構想⇒材料⇒完成品へ向けての取り組み⇒完成品（構想の具体化）という図式がみえてきます。より哲学的手法で眺めれば、素材⇒運動因（組み立て作業）⇒目的因（製品の完成形態）の体現という流れが私達の眼前に示されます。まさに、目にみえる形で生成過程を私達は把握できるという現実感がここにはあります。

アリストテレスは、これまでの素材と形相の関係内容を次のように言い換えます。これは可能態（あるいは可能的存在）と現実態（あるいは完全現実態）の関係であると。これまでの椅子の話をもち出すと、材木＝素材は椅子が作られるという可能性のもとにある存在＝可能態であり、椅子という製品は、まさにそれが具体化した段階＝現実態です。このように、現象界＝私達の生活の場で、素材⇒形相、可能態⇒現実態の過程図式の関係、つまりは完全現実態へ至る過程は明確に私達が理解できるところとなります。

2　人間性向は完全現実態（＝幸福）を目指す

前項では、アリストテレスが現象界、すなわち私達の生活の場における素材から形相＝可能態から現実態への過程のなかで人間の果たす役割を述べてきました。人間の意思（エネルゲイア）によって素材は形をもったものを獲得します。人間を素材として捉えるとき、国家はその完全現実態として存在する旨、アリストテレスが述べる箇所があります。国家が人間の生活にとって幸福な状態を造り出すことになるが、その国家構想を実現する主体としての人間は、先に製品を作ったように理想とする国家を構築するために動くのである。人間は国家造りの動力源である、と。では、人間自身は自らの現実態（＝幸福の実現）をどう考えているのでしょうか。

人間はまず何をするにしても健康でなくてはならない。それに異論を挟む人はまずいないでしょう。このとき人間を素材（＝可能態）という位置に置くとき、一方に健康としての形相（＝現実態）、もう一方に不健康あるいは病気としての形相という位置づけになります。この場面でなぜ形相を二つ想定したかというと、私達人間は自然にどちらを指向するかということをアリストテレスは尋ねているのです。解答は決まっているように、私達は病気であるより健康である方を選びます。なぜなら不健康であれば、自分のやろうとすること――運動をしたり、おいしく食事をしたり等々――がまったくといっていいほど実現不可能だからです。このように人間の性向（あるいは備わっている能力）は良い状態（＝善）へ向かって行為することが自然であるのです。

人間の性向として、上述のように、善へ向かって行為すること、それはどこかで完全現実態としての人間を思い浮かべているということでしょう。近似的には、プラトンの知性界における神の存在あるいは神が創造した良き人間像、それも哲人王的な存在とも考えられるかもしれません。しかしながら、アリストテレスは、まず快という感覚を求めるという点では、人間は動物と同じような性向あるいは能力を持っているといっています。ただ、違うのは理性があるか否かです。そして、この理性が備わっているから人間は最高善を目指す存在となる、とアリストテレスは述べています。そこにこそ、人間にとって幸福として定義できるものがあるのです。とはいえ、経験則的に現実世界では幸福という名称一致だけで、幸福自体が非常に個別・多義的であることをアリストテレスは同時に指摘します。実際のところ、アリストテレスの考える本質的な幸福は、プラトンの議論と変わるものではなく、魂の理性的な活動にあり、その使用であるといえます。ただし、プラトンが理性・知性が肉体を離れた状態のみが人間にとってより幸福であるとするのに対して、アリストテレスは飽くまでも私達の実践的生活の場での活動と快が自然に一致するとき、私達は完全な満足が得られ、善く行為し善い状態への移行に幸福があると述べています。その活動は、アリストテレスが「魂の有徳な活動」と呼ぶところのものです。

3　アリストテレスの徳の定義＝「中庸」について

アリストテレスの「徳性」についての考え方をみていきます。アリストテレスの場合、徳性とは知識あるいは単に善い行いという理解ではなく、生活のなかで自然的本能が正常に完成されたものとして理解されます。ですから、習慣的（＝倫理的）なものと自然的なものが密接な関係にあると考えています。従って、観察の対象として私達の実践的生活の場での徳性を考えていくことになります。

これから『ニコマコス倫理学』のなかから彼の倫理的なるものを探りましょう。

私達の生活がアリストテレスの観察の対象であり、善なるもの、また幸福は現実世界＝現象界にあるのだから、プラトンの善のイデア追究の姿勢は彼には受け入れられないものです。私達の実践的生活の場での善への考察、それが彼の倫理的なものであるわけです。先に「徳性」が知識や単なる善い行いとして把握されず、自然的本能の正常な完成といった理由をアリストテレスの考えに則して概観しましょう。

アリストテレスは、徳の最初の根底は、理性にではなく自然的本能＝欲求のうちにあるとし、ある程度まで倫理的な諸性質が準備されているといいます。これら自然的な徳が実践知（フロネーシス）に指導されて、初めて真の徳になるというのです。ですから、徳は学ぶのではなく練習と習慣によるものだとします。このことは翻って、徳の自然的本能が有徳にも悪徳にも作り上げられることを表しているといえましょう。

では、徳はどのように実現あるいは完成されうるか、という問題が残ります。それには練習と習慣によって、すなわち行為が繰り返されることによって、道徳的な行為が作り上げられるか、完成するのです。すでに触れたように、素材から形相へと移行することは、換言すれば可能態から現実態・完全現実態へ移行するということで、最終的に一つの存在物、一つの完成品ができ上がることを意味していました（その間に人間の活動＝エネルゲイアが関わっていますが)。そしてその製品あるいは完成品はそれ以後に何かを削ったり、付け加えたりする必要がないということでもあるわけです。諸々の行為もある製品・ある完成品と同様に、超過も不足もないその中間（＝完成）にあって初めて作品としての価値をもつことになるのです。

上記のことから、アリストテレスは「徳は一般に行為における『中庸』の遵守にある」と指摘します。例えば、堅実な慎慮ある生活について、私達は有徳さを感じます。まさに慎慮ある行為の現れとしてその人の生活をみるところです。金銭について考えるとすると、必要なものへの出費はするが、いわゆる贅沢な浪費をせず、また反対にケチや守銭奴的な強欲的な使途に対する引き締めを行わない、という生活態度であるといえます。とはいえ、一つ前提となるのは、「中庸」的な行為の決定には正しい実践知に基づいた判断があり、分別のある人々が認めるある規定的要素を「中庸」がもち合わせていることは否定できません。

4　国家の素材としての人間存在

これまでのところから、プラトンのイデア論世界観＝抽象的世界観からアリストテレスは遠いところに位置しているのがわかります。アリストテレスの、自然界＝現象界の個物の存在をあるがまま観察し、人間の倫理的行為もまた実生活のなかから引き出すという経験分析を行っていく姿勢は、帰納法的分析であり、その手法から最高善としての幸福追求をしていきます。そのなかから有徳な行為の実現すなわち中庸の実現＝自然的本能の正常な完成が人間の幸福追求の姿であり、知性と快という感覚の関係をもアリストテレスは認識しているところです。

では、国家についてアリストテレスはどのように考えていたのでしょうか。国家についてはすでに私達はプラトンの『国家篇』の内容を概観したところですので、対比する形で約説してみましょう。

プラトンの場合、国家は三つの各階級が自らの働きを適正に調和的に行うことを基調とし、正義を実現していきますが、哲人王たる治政階級が指揮し、国の守護者たる軍人階級が前者を補佐し、下位の生産者階級の欲望＝浪費を軍人階級が指導することによって抑制するように促しました。また、国民は適正な教育によって、知ある者へ敬意を払うように、すなわち国家の権力が承認され、治者たちは私的欲求をもたず国家公共へ奉仕することに幸福を見出す旨、確認したところです。

一方、アリストテレスの場合、まず人間を社会的動物（＝ポリス的動物）であると定義します。また、すでにみたとおり、国家という形相は人間個々人の共同体（＝集団）という素材をもつ構図になっています。すなわち、国家は人間の共同体が自然の環境のなかで造り上げられる完全現実態として認識できるということを表しています。ここでもアリストテレスのイデア論批判は歴然です。国家というイデアを模倣するのではなく、人間が自ら国家を必要とし、形成するという活動・姿が浮かんできます。人間自らの心地よい環境への意欲、社会的意識――有徳さの認識と実践――の明確なアリストテレスの指摘、つまり、個々人のあるいは家族の自然権、所有権、さらには個人的自由は、プラトンの階級的把握とは異なっています。

社会的に生まれついた動物である人間は、共同体、あるいはより大規模な国家を形成することによって、換言すれば、個々人の人間という素材をその個々の幸福への相互的有徳さの認識により、その環境が最善への道（漸次、最高善へ近づくという道程）＝完全現実態という国家形成へ結実していくことをアリストテレスは強調しているといえます。ですから、次のことも私達は了解できるところです。

人間自らが国家を形成するのですが、その国家の使命として国民を善い人間に教育するというエネルゲイアは人間を人格的完全性へ導いていくことになるわけです。このように国家は有徳な人々によって造られ、国家は国民を有徳に導いていくのです。またここでアリストテレスの「必要なものは善きもののために存在する」という真意を私達は確認できるのです。それは、徳ある活動をする人々の国家が最善の国家だということです。

アリストテレスは『政治学』で次のように述べています。

「人間のにせよ国のにせよ、仕事はいずれも徳や思慮から離れては立派でない。そして国の勇敢も正義も思慮も、人間のそれぞれのものが、それに与ることによって正しい人とか思慮ある人とか節制ある人とか言われるところの徳が持っているのと同じ働きと形態とを持っている。」

アリストテレスにおいて、人間個々人が幸福を指向する運動と、その幸福を追求する場としての国家の運動、翻って、それを担う人間の姿が善きもの＝有徳さの認識と実践として結実する旨、私達が明瞭に把握できるところです。

3講 ストア学派（前335頃—後80）

1　ストア学派の後世に与えた影響

見出しのとおり、ストア学派の後世へ与えた影響から述べる方が理解の近道であると思います。ストア的思考が、近代さらには現代においても息づいていることをまず確認したいのです。

現代の私達は「ストイック」という言葉を果たして使っているでしょうか。もしかすると皆さんの会話のなかではすでに死語となっているかもしれません。現代社会はあらゆる品物が溢れる物質文明社会であり、何かを我慢するとか辛抱する経験自体が稀なことになってきました。皆さんのなかには、欲しいモノができるとアルバイトをして手に入れるというのが通常の生活パターンである人もいるかもしれません。その一方で、もしかするとより長期にわたる忍耐を強いられる環境にいる人がいるかもしれません。例えば、ある資格試験——公務員試験でも、司法試験でも、就職試験でも構いませんが——に合格するまでは、遊ぶことも贅沢することも控える人がいるとすれば、その人はまさに「ストイックな生活」をしていることになります。すでに死語となっているといいましたが、人生の部面では必ずこのような時期に遭遇することでしょう。とすれば、私達はストア的発想から逃れられないということになります。確認しておきましょう。「stoic」とは「禁欲的な」、「堅忍的な」という意味をもっています。

ではストア思想が歴史的にとくに近現代にはどのように扱われてきたの

か簡単に眺めておきましょう。

私達が今後（本書後半部分）、分析対象としていく近代市民社会形成論の論者達にも大きく関わる思想源泉の一つがストア思想なのです。例えば、18世紀のスコットランド啓蒙思想家のハチスンやスミスの人間考察のなかで、ストア哲学はキーワードとして登場します。アダム・スミスの作品集のグラーズゴウ版の編者の言葉を紹介しましょう。スコットランド思想家において捉えられた人間精神考察のなかに、「キリスト教的ストア主義」、すなわちキリスト教的慈愛精神と、それに加えてストア的禁欲主義精神が読み取れます。さらに19世紀におけるドイツ法学者であるカール・ヒルティが自らの『幸福論』のなかで、古代ストア哲学者エピクテートゥスの『要録』のドイツ語訳を載せています。また、当該書の記述のなかでヒルティは、ストア主義的思想は向上・向学の精神に富む青年には打って付けの教育の書であると高い評価を下しています。少々詳しくヒルティのいわんとすることを述べると、人間の生き方・生きる姿勢という点において、キリスト教の宗教性よりもストア主義的思想の厳格さに力点を置き、私達の人生訓としての意義を提示しているのです。エピクテートゥスの『要録』は「人生指導の書」として、ヒルティ以前から各国の母国語に訳されて、多くの人々によってよく読まれていた事実もあります。現代の思想家においてもストア哲学はしばしば高く評価されているところであり、A. L. マクフィーはストア思想のことを「ヨーロッパ文化のなかのもっとも幅の広い河」と形容し、A. マッキンタイアは哲学的思考の再考の源泉である旨、指摘しています。

さて、このようにストア的精神がこれまで生き続けているという事実を私達はみてきました（もちろん、プラトンやアリストテレスの哲学的思考が欧米の基調であり、ともに命脈を保っているわけですが）。私達は次に、より深くストア哲学を理解するために彼ら学派の人間観や世界観を概観することによって、何が私達の人生観等に語りかけてきたのかも視野に入れながらストア学派の系譜からみていきましょう。

2　ストア学派の系譜

ストア哲学の思想家達＝学派の歴史的区分をする場合、ギリシア時代の前期とローマ帝政時代の後期という二つの分け方をするのが普通です。

前期ストア、すなわちギリシア時代に属するのはストア哲学の創始者であるゼノン、後継者であるクレアンテス、さらにストア哲学を論理学上の完成に導いたといわれるクリュシッポスの３人を挙げることができます。一方、後期ストア、すなわちローマ帝政時代に属するのは暴君ネロ帝の家庭教師をしていたセネカ、元奴隷でその後自由人となったエピクテートゥス、五賢帝の一人であるマルクス・アウレリウス・アントニウスの３人ということになるでしょう。

このように二つの時期に分けましたが、同じストア哲学者でありながらそれぞれ特徴をもっています。前期では、彼らの哲学には基本的に論理学、自然学、倫理学の３部門がありますが、ゼノンによって倫理学が強調され、それはクレアンテスに引き継がれました。しかし、クリュシッポスに至って形而上学的色彩が強くなり、論理学に特化するものとなり哲学そのものが難解性を帯びるものとなりました。他方、後期では、とくにエピクテートゥスとアントニウスに至り、実践的倫理に重心が移りました。また、アントニウス時代にそれは宗教的色彩（＝普遍的仁愛あるいは人類愛）を強めたといわれています。

エピクテートゥスにおいては、とくにゼノンの実践的で純粋なストア的精神が受け継がれているといわれています。その点はアダム・スミスの『道徳感情論』においても指摘され、エピクテートゥスの引用をストア哲学の真意として幾度も使っています。さらに、エピクテートゥスは、ゼノンのストア的精神を逸脱した張本人はクリュシッポスであるとし、彼を批判するために自らの『要録』のなかで次のように語っているのです。

「クリュシッポスの著書を理解し、それを解説することが出来るといって誇っている者があったら、君自身にこう言うがよい。クリュシッポスの書物がもし難解でなかったら、君は何ものも自慢するものを持たないだろう。」

上記のように、エピクテートゥスは自らがゼノンの誠実な後継者であることを述べています。このようにストア的思想は前期から後期へしばしの中断はありますが、脈々と受け継がれていったということがいえるでしょう。では、次にそのストア哲学の内容＝彼らの人間観・世界観を簡明にみていくことにしましょう。

3　ストア哲学の「自然に合致した生活」とは？

ここではストア学派の世界観＝宇宙観解釈を最初に確認しておくことが肝要でしょう。

この世界の地上の生物あるいは物質が、各々そのままに存在していることをストア学派は認めています。そしてそれらが私達人間を感覚的に刺激することによって、その自らの存在が明らかになるのです。各々の存在物――そのことは人間をも含めることになりますが――は、それらの上の大宇宙（＝神）の統一・秩序へ向かって、合目的的に形成される一つの統一体の一部分であるとストア学派は考えています。さらに、それらの存在物には神のロゴスが段階的に与えられており、生成し、発展し消滅し、四元素（水・火・土・気）へ帰っていくというのです。もちろんロゴスが最大限に与えられているとされる人間も例外ではありません。このように世界のすべての存在は四元素に帰り、また生成するという過程を繰り返すことになるのです。ですから、ストア哲学の宇宙観は循環論的であるのです。

上述にあるように、ストア学派はすべての存在物を大宇宙という統一体と述べていることを再び想起してください。ストア学派は賢人の理想とする生活を「自然に合致した生活」であると提示します。ではこの「自然に合致した生活」とは、またそのなかでロゴスをもった人間の存在とはどのようなものでしょうか。

彼らストア学派は、次のように「自然に合致した生活」を解説します。まず、「自然」には二つの自然本性があると。その最初の自然本性とは宇宙の自然本性であると述べ、私達人間はその本性に、つまり宇宙の必然の理法＝摂理に従うのであると。第２の自然本性とは人間の自然本性を意味し、私達自身の本性に従うのであるとします。この人間の自然本性とは、人間の自由、つまり自らの理性に従うことです。エピクテートゥスは、「君は人間だ。つまり心像を理性的に使用する可死的動物だ。だが、理性的にとはどういうことか。自然本性に合致する、しかも完全に合致することだ」と語っています。

人間が理性をもち、自然本性に完全に合致するという内容をもう少し追究します。

人間の自然本性に従う行為は、いかにもう一つの宇宙の自然本性と結合するのかが問題です。ストア哲学では、自然本性に従った生活がもっとも幸福な生活であると定義します。それだけ重要なのはなぜでしょうか。ストア哲学研究者の鹿野氏の次の言葉が的確にそのことを解き明かしてくれます。

「一見必然（宇宙の必然の理法）と自由（人間の理性の行使）とは反対であるが、本当は一つでなければならぬ。自ら欲しなければ運命に引きずられる。自主的に従えば必然に導かれる。」

例えば、次のようなケースを考えてみましょう。ある河は雨が降ると水位が上昇します。これまでの経験から危険水位の基準が割り出されているのが当然です。ただし、時代的背景が現在とは異なりますので、すべての人がそれを知っている状態ではないことを考えに含んでください。もし、ある人＝理性的判断のできる人（経験知も含まれる）が降雨の状況を観察し、これ以上水嵩が増えれば洪水になると判断したとすれば、彼は当然その難を免れるべく避難することになるでしょう。他方、まったくそのような知識を持ち合わせていない人は、激しく降る雨を気にはしますが、自分の前にある河が被害をもたらすとは思わないでしょう。その結果、まさに理性的判断ができない故に洪水の濁流に飲み込まれるという運命に遇うことになります。これがエピクテートゥスのいう「運命に引きずられる」という意味だと解釈して間違いないでしょう。一方、難を逃れるという判断をした人は、自然の摂理（ここでは洪水となるメカニズム）を知っているからこそ自主的に避難をしたことを意味しますし、エピクテートゥスの「自主的に従えば必然に導かれる」という言葉どおり、宇宙の自然本性という法則性を理解（＝自主的判断）できるからこそ、必然的結果として命を守ることができたといえるでしょう。

4　ストアの賢人の生活は本当に幸福か？

では、私達は本当に「自然に合致した生活」を明確な幸福として、ストアの賢人と同様に考えることができるのでしょうか。エピクテートゥスの次の言葉を冷静に私達は聴くことができるのでしょうか。

「何事にでも、『私はそれを失った』などと断じて言うな。否、『お返しした』と言え。子供が死んだって？　取り返されたのだ。妻が死んだって？　それも取り返されたのだ。」

端的にいえば、上記のエピクテートゥスの発言内容の子供の死、あるいは妻の死も彼らストアの賢人にかかれば、運命＝自然の摂理であり、私達人間は冷静に神のもとに子供と妻が帰った（＝取り返された）と思いなさいということになります。

やはりここでストア的な外的事物の扱いを眺めておきましょう。外的事物とは自分自身以外のモノのことです。それがこれまでみたように子供であったり、妻であったりという他者存在であったり、富という物質であったり、名声という形のないものでも、とにかく自分以外のモノと考えて差し支えないでしょう。では、なぜこのようなストア的発想が生まれたのかといえば、それは彼らストア学派の生きた、生活した社会環境に必然的に関連があったといえます。

アダム・スミスは、ストア哲学を自らの安全が保障できない時代の哲学である、と指摘しています。つまり、頻繁に自らの生命が危険にさらされる状態が起こり得るということです。例えば、他民族・他都市国家の侵入、もっと身近では党派的抗争において死に直面することが多々あったということです。この「死」への考え方が外的事物と自己との関係を捉えるうえでは重要なポイントとなります。

ストアの思想家にとって、「死」とはすでに示したように外的事物の一つとされます。さらに付言すれば、「死」とは人間にとって絶対不可避的な出来事であるということです。では、なぜストア主義者にとって、「死」とは外的でなくてはならないのかといえば、「死」に対する恐怖感やそれに類する諸感情をもつこと自体が自然本性に従うことに反しているということになるからです。死とは自らの宿命であり、また、全体にとって私達一人一人はそれら自然の摂理という統一体の一部分であるということ。そのことを次のエピクテートゥスの発言が鮮烈に表しています。

「なぜなら、私は永遠なものではなく、人間であり、ちょうど一日の中の時間であるように、全体の中の部分だからである。私は時間のように来て、時間のように去らねばならない。」

この宿命論的議論から、死という「外物は私の管理下にないが、意志は私の管理下にある。私は善いものや悪いものをどこに探そうか。それは内部のもの〔＝私〕の中にだ」（〔　〕は引用者）という発言の真意がわかるところです。自らが死を恐怖することは、自らの自由を放棄することであり、運命に引きずられることになるのです。そのことはストアの賢人の行為として認めるわけにはいかないのです。彼らの行為として認められるもの、それはどんなことが起ころうとも心を動かされないこと――完全な自己規制――に繋がっていきます。もっといえば、「ストア的無感動」と呼ばれるものです。確かに、そのような不動心とも呼べるストア的態度は見上げたものですが、私達は本当にその態度に敬服するでしょうか。

5　「完全な自己規制」ができるか？――アダム・スミスからの批判

後に、スミスを取り扱うところで、再び彼の「有徳な人間」像について触れますが、ここでは上記の内容の関連で、ストア哲学者たちのストアの賢人の行為の偉大さ＝「完全な適宜性」は、果たして人間の行為として適切かどうかを探ります。

スミスの『道徳感情論』初版第1部第4篇第1章の悲哀に対する私達の同感を論ずる箇所で、次のような人々――ストアの賢人――の行為に完全な適宜性が置かれていることをスミス自身が述べています。

「多数の取るに足りぬ災難のただなかで、快活さを維持しうる人は、その振る舞いが上品で快適である。しかも、もっと恐ろしい災厄に、同じようにして耐えうる人は、人間を越えているように見える。彼の境遇にある人々をかき立てかき乱すのが自然な、激しい諸情動を沈黙させるには、どんなに計り知れない努力が必要であるかを、我々は感じる。我々はそのように完全に自己を支配しうるのを見て目を見張る。……彼の態度には、もっとも完全な適宜性がある。その適宜性はまた、人間本性の通常の弱さについての我々の経験からみて、彼がそれを維持しうると我々が期待することが妥当ではありえなかった適宜性でもある。」

また、スミスは、四面楚歌の状況に置かれたカトーの取った態度をセネカが英雄的度量と評していたことを紹介し、行動のもっとも高貴な適宜性が繁栄のなかでと同じように逆境においても維持されることの偉大さに観察者は驚嘆し、敬服するものと押さえています。

繁栄においても、また逆境――悲運と危険――においても、どのように生活状態が変転しようとも、ストアの賢人の行為原理は揺るぎません。また、彼ら賢人にとっては、観察者から明確な是認を得るように行動すること、換言すれば、「完全な適宜性」をもって振る舞うということは、あらゆる場合に容易であるということになります。スミスも、ストアの賢人の行為自体は非難に値するものではなく、逆境にあっても彼自らの平静さと喜びに満ちた態度は当然観察者から是認され、有徳な行為として感嘆され、評価されうるものであることを提示しています。しかしながら、スミスはその行為のストア的徳性を「人間本性の到達点をまったく越えた完成」というように表現しています。

さらに、同書第3部第2篇では、行為の一般的諸規則の起源や成立の考察をスミスは行い、私達がほかの人々の行為を継続して観察することによって、自覚するしないに関わらず、何がなされまたは何が回避されるに相応しく適切な行為なのかを積み上げていく過程を述べます。その長い経験の過程のなかで、一般的諸規則は形成され、経験上何が尊敬に値する行為かを意識するようになります。その一方で、自らの行為がその規則を逸脱しないように、また、利己的感情の間違った行為や表現を正そうと自らが観察者の眼をもつように促されるようになるのです。

スミスは上記のように行為の一般的諸規則が形成される過程を論じることによって、ストアの賢人の「完全な適宜性」ある行為の基準が人間本性のそれと異なることを示したといえるでしょう。

また、エピクテートゥスの死に対する思索でみたように、死を恐れないことは、上記のカトーの英雄的態度に連なるところで、それ自身が最高度の、あるいは「完全な適宜性」ある行為として認められます。そのストアの行為は観察者からみれば、尊敬に値する行為でしょうが、本当にそうだといい切れるかといえば、そうではないでしょう。なぜなら、逆境に遭遇したストアの賢人の行為は私達の想像を越えた努力による激情の抑制――完全な自己規制――をしているからこそ、その状況を観察者がみて、彼の心情を察することから称賛や感嘆の念をもつことになります。しかし、ストアの賢人の心の内にそのような葛藤や諸々の感情の軋轢があるとは思えません。

スミスが同書初版第6部で指摘しているとおり、「ストア主義者たちは、

〔アリストテレス学派とは〕反対に、もっとも完全な無感動を要求し、精神の平静の最小の程度にでも混乱させうるあらゆる情動を軽率と愚かしさの効果とみなした」(〔 〕は引用者) ように、初めから彼ら自身が、もし観察者が思ったような自己抑制——自己規制——する努力をせず、ただ無感動でいることがわかったら、きっと私達はストアの賢人の行為を外観だけの、上辺だけのポーズとして蔑むかもしれません。というのも、ストアの賢人の「完全な適宜性」ある行為というのは、つまり自己規制の結果ではなくて、予め決められたある行為規則によって形成されたので、彼の胸のうちでは何の思索的摩擦もなく——「ストア的無感動」——行われたことが判明するからです。私達がファーストフード店の店員の笑顔を心底からは信じないのと同じではないでしょうか。

スミスは同書第6版第7部におけるストア哲学の章句をまとめた箇所で、次のようにストア的行為を批判しています。

「ストア的な賢人にとっては、我々が偉大な行為と呼びたがるものも小さな行為より多くの精励を要するのではなく、等しく容易であり、正確に同一の諸原理から出たものであり、いかなる点でもそれより値打ちがあるのではなく、何か高度の称賛と感嘆に値するのでもなかった。」

このように、ストア哲学が追究していた行為原理は、スミスによって人間本性の完成とは異質な、きわめて時代制約的な行為諸規則であったことが証明されたといえます。スミスは、自然的諸感情を強制的に抑制したり歪めること自体、人間本性には適さない行為原理であることを指摘しています。スミスが適宜性感覚を私達の同感原理に求める所以です。

4講 スコラ哲学の課題とトマス・アクィナス（1225—1274）

1 中世という時代

ルネサンスは人間復興を謳い、近代の幕開けであったといわれていますが、私達はその前に12—13世紀におけるスコラ哲学の展開と完成をみることにしましょう。そのなかでもスコラ哲学の完成者と呼ばれているトマス・アクィナスの人間観を概観することによって、今後のルネサンスの人間像への糸口と、その一方で、トマス以前の古代哲学が中世でどのように批判され、受容されていったのかを探っていきたいのです。まずはスコラ哲学の概要を眺めましょう。

アウグスティヌス（354—430）に代表される教父（教父とは、キリスト教の正統的教理を守り、生活も模範的であって教会から公認された者）哲学者は、キリスト教的真理の啓示性と超自然的な真理をいかに弁護し、人々に理解させるかということにその始まりがあり、彼らはプラトン哲学やストア哲学等の古代哲学を利用していった部分をもっています。しかしながら、信仰優位、肉体より精神への比重が大きく、その観点からすると、中世は、一面でいわれているように宗教的教理の色彩の強い暗黒の時代であったことも事実です。従って、この時代においては、これから探ろうとするスコラ哲学のなかで議論されていく理性と信仰の関係性の究明には発展していっていないのです。

近年、12世紀は、いわゆるヒューマニズムの時代であったといわれるようになりました。では、初めにわかりやすい歴史的事実から眺めてみることにしましょう。

エルサレム奪還という使命を帯びた11世紀の十字軍遠征等を通して、イスラム文化が中世ヨーロッパのキリスト教世界にしだいに浸透していくという経緯を想起しなければなりません。それまでの中世キリスト教世界は、先に触れたように、物質＝肉体より精神に重きが置かれ、いわゆる精神文化社会であり、科学より神学が絶大な影響力をもっていた時代です。一方、イスラム文化は、古代ギリシア哲学を受容できる土壌をもっていました。その文化はキリスト教世界に比べてより経験的・科学的側面――航海術等――を有していたので、とくにアリストテレスの哲学の経験的・実証的要素にアラビア系商人や学者たちは目を向けていたのです。

この結果、12世紀末より、アリストテレスの『自然学』さらには『形而上学』等々の著書がアラビア語からラテン語に翻訳されたことによって、経験的で科学的な知識の多くがキリスト教世界の領域へ入っていくことになったのです。

スコラ哲学は、とくに９世紀以降、キリスト教の真理の論理化と体系化を行い、自らの宗教的・精神文化至上主義的世界を築いていったわけですが、上記のとおり、古代ギリシア哲学思想――とくにアリストテレス哲学――が、神学的世界に流入するにおよんで、アリストテレス哲学とキリスト教哲学の調和をいかにしていくかという問題が提起されるようになったのです。その二つの哲学の調和と均衡あるいは融合的論説を考察する前に、伝統的神学とアリストテレス哲学の対立と共通点あるいはその性格を簡潔に押さえておきましょう。

2　伝統的キリスト教神学とギリシア哲学の融合

12世紀は、すでに述べたような形で、経験的・科学的諸知識の浸透の進んだキリスト教世界となっていました。先の経験的・科学的諸知識の浸透が示す意味は、もうおわかりのとおり、人間の理性的な側面が強調されるヒューマニズムの時代でもあったということになります。つまり、きわめて自由な雰囲気がその世界に広がりつつあったことが推測されます。

アリストテレス哲学の扱いについては、12世紀末から研究が盛んになり、パリ大学を中心に西ヨーロッパの学会では、多くのアラビア語の文献がラテン語に訳されていきました。とはいえ、その潮流のみだけではなく、その先進性への逆風も吹き出します。13世紀の初め、先のパリ大学でアリストテレスの『自然学』研究が禁止され、その後『形而上学』もまた禁止の対象となり、さらに1231年にも教皇グレゴリウス９世の時代において、アリストテレスの研究が迫害を受けることとなりました。

では、なぜこのような迫害に発展したのかをみましょう。その端的な原因は、何といっても、キリスト教の信仰に反する要素が、アリストテレス哲学のなかに散見されたということです。しかし、そのようなアリストテレス哲学研究への迫害、すなわち何度も研究への禁止令が出されたとはいえ、アリストテレス哲学のなかに西ヨーロッパ精神文化世界の真理探究との共通項が多くの研究家の認識としてあったということです。ですから、このことを別言すれば、ヒューマニズム的精神――世界を経験的・科学的に究明していこうという気概――が理性を動かし、信仰との対立的契機をしだいに積み上げていったということもできるでしょう。

まさに13世紀のスコラ哲学の課題は、いかに伝統的キリスト教神学とギリシア哲学との神学的折り合い（＝調和）をつけるかというところへ議論の場が移っていったのです。とはいえ、すぐさま神学的折り合いや調和が叫ばれたわけではありません。最初は、禁止令に沿う形で、アウグスティヌスの弟子的存在の、いわゆる信仰に反するものとして、完全にアリストテレスを受容しない保守派が一方には存在し、他方では、イスラムの偉大な哲学者であるアヴェロエスのアリストテレス解釈を受容することによって二つの哲学の真理体系をある程度のところで容認しようとする派もありました。ここでは、後者の解釈について少し詳しく枠組みのみを確認しましょう。

アヴェロエスのアリストテレス解釈は、知性単一説と呼ばれています。キリスト教社会が受け入れがたいアリストテレス解釈の一つであることに間違いはないのですが、その内容は次のようなものです。

人間の魂には能動的知性と受動的知性があります。前者は万人に普遍的な知性であり、永遠の存在です。しかし、後者は人々個々に与えられた知性であり、死すれば消滅してしまう知性です。このことは、人間はすでに普遍的存在との繋がりのもとにあり、共通の知性をもつこと自体が神格性を帯びることになります。この後半の解釈を巡って問題は顕在化していきます。信仰においては、人々の魂は不滅であり、個々人は自らの行為に責任をもち、死すればその魂は神の審判を受けなければなりません。その過程のなかでは、飽くまでも個人の魂が神によって裁かれることになるから、知性単一説的な神的な普遍的知性の存在が最終的に個人の知性＝魂に宿るという解釈とは相容れないこととなります。また、世界の永遠性についての相違もあります。キリスト教の信仰によれば、世界は神によって創造されたものであって、時の始めと終わりを決めるのも神が行うというように考えられていたわけです。私達が知っている千年王国説のもとには、このように神によって与えられた時の長さに逆らえない人間存在の儚さがあろうかと考えられます。ところが、アリストテレスの説によれば、事物の生成消滅は、ギリシア哲学の永劫回帰の循環的世界観として同根でありますが、それ自体としては第一質料が変わらず永遠に不滅であると考えられていたのです。

さて、真理探究への方法としての先の二つの哲学——伝統的キリスト教神学とアリストテレス哲学——に立ち返りましょう。伝統的キリスト教神学における真理の究明手段はまさに信仰です。つまり「信仰の真理」ということです。この「信仰の真理」は啓示神学の領域であり、端的にいって、神から与えられた、まさに神による真理ということができます。一方、アリストテレス哲学は、アリストテレス的な自然観や存在の認識の仕方を想起すれば自ずとわかるところでしょう。アリストテレス哲学においては、実践的世界への視点からプラトンのイデア論を批判し、現実に存在するものを観察することによって、自然全体を掴み、そのなかから私達人間がそこに潜む法則性を解明していこうという姿勢があることを学んできました。また、アリストテレスが述べるように各々のものがある目的性をもって存在するとしたことによって、私達は自然の法則性を創造した「神らしき存在」を探り出すという行為に辿り着いたのです。これは人間の能力としての理性によって真理が探究される姿であるといっていいでしょう。上記の「信仰の真理」と同様ないい方をするのであれば、こちらは「理性の真理」究明でしょう。

各々の真理探究への手段は違いますが、最終的に行き着くところ、信仰の真理としての神の存在証明ということです。本来であれば、神は信仰する者のみに自覚されるものですが、信仰という行為なく、アリストテレス哲学では神と明確に呼ばないまでも神的存在を真理究明の先にみているという共通の終着点＝真理をもっていることになります。キリスト教神学においては、真理は一つでなければならないから、アリストテレス哲学の神的存在の認識はどのように解釈されなければならないかという点において、伝統的キリスト教神学は歴史的に完全に突き放したいところですが、すでに時代は人間能力の自然理解という段階に入っていった時期なので、二つの真理究明の体系の融和を求めることとなったといえます。

3　フランシスコ会とドミニコ会

前項の二つの真理究明を、別のアリストテレス解釈を行うことによって、キリスト教との調和を図ろうとしたのが、フランシスコ会とドミニコ会です。

修道会の世界では、6世紀より聖ベネディクトが中世世界を形成していたので、教皇の手厚い保護を受け巨大な領地と政治的勢力を握っていた状態がありました。それに反発し、福音主義の運動を展開し、清貧に徹する修道会が先の二つの会です。彼らが理性と信仰の調和への模索を始めていきます。

フランシスコ会においては、代表的人物としてボナベントラを挙げることができます。彼らは伝統的キリスト教神学に矛盾しないかぎりで、アリストテレス哲学を自己の神学のなかに生かしていこうとする態度をとっていましたが、世界の永遠性については否定的態度をとっていました。では、もう一つのドミニコ会はどうでしょうか。

ドミニコ会においては、アルベルトゥス・マグヌスとトマス・アクィナスという代表的思想家を挙げることができます。アルベルトゥスはトマスの師であり、彼の研究への態度は経験主義的で、アリストテレス的でした。そして、トマスは師のそれを継承して、アリストテレスの原典――『自然学』、『形而上学』、『論理学』等々――研究を行うことによって、イスラム的解釈というフィルターに通されたアリストテレス研究を、純化したといってもいいでしょう。その純化された生《なま》のアリストテレス解釈あるいは再考が、トマスにアリストテレス哲学とキリスト教神学が矛盾するものではないという確信を与えたといえます。換言すれば、彼は理性と信仰から得られる真理＝神はまさに一致することを主張するのです。

フランシスコ会が否定した世界の永遠性の解釈についてトマスは次のように考えます。永遠性の解釈については、それ自体が理性を超えるもので、キリスト教信仰箇条に決して背くものではない。なぜなら、キリスト教では神が世界を創造し、その時世界は始まったのであるから、神によって終わりを告げられることもある。とはいえ、その時間的制約あるいは永遠性を主張し得るのはまさに神の意志によるのであるから、私達が預かり知らぬこととなる、と。私達はさらにトマスの神学について理解を深めなくてはなりません。

4　トマスの生涯で気にかかること

トマス・アクィナスは1225年にナポリ近郊のロッカ・セッカの城に生まれました。父母の家系とも貴族であり、聖職者の道に彼が進むとは誰も想像しませんでした。彼は6歳から14歳までモンテ・カシノの修道院に預けられ、そこで幼年期の教育を受けました。その後、ナポリ大学に行き、ドミニコ会の修道士と親交を深めるようになり、彼が18歳のとき修道士となったのです。面白い話として、次のエピソードが彼の生涯を語るときよく出てきます。

父なき後、母が実権を握っていたのですが、トマスが修道士になったという連絡を受け、母の命を受けた兄たちが特使として送られ、強引に彼を城に連れ戻し、幽閉したのです。しかしその後も、彼の意志は強固であったので、度重なる説得を拒んでいました。その彼を俗世に戻したい母は一計を案じました。若者であるから、美女を彼の寝室へ送り込めば、彼は必ず彼女をものにしようと欲望に駆られて行動するであろうと。しかし、トマスは母の策に屈せず、その女を部屋から追い出したということです。このように意志の固い彼は、逆に周囲を感化し始め、彼の熱い信仰心は母をも動かしたのです。その後、彼は私達が知っている代表作『神学大全』を著す聖職者となり、偉大なスコラ哲学者となっていったのです。

私が前々から非常に気になるエピソードが一つあります。それはトマスの心境の大変化といわれる1273年の聖ニコラウス聖堂のミサでのことです。あのように神への敬虔な――聖職者ですから当然ですが――信仰をもっている人物で、当代きっての知識人であった彼が次の言葉を述べたあと、著作活動を止めたということです。

「兄弟よ、私はもうできない。大変なものを見てしまった。それに比べれば、私がこれまでやってきた仕事は藁屑のようなものだ。私は自分の仕事を終えて、ただ自らの終わりの日を待つばかりだ。」

その後、トマスは翌年の３月に49歳という若さ――現代でいえば、働き盛りですが――で世を去りました。

さて、皆さんはトマスがミサのときに、一体何をみたと想像されますか。世界の終わりでしょうか。これ以上の詮索は研究をする者としての態度を逸脱するように思われますので控えることにしましょう。

5　トマスによる二つの真理の融合──信仰と理性

トマスは理性と信仰の関係をどのように捉えることから始めたのでしょうか。前者はアリストテレス哲学の神的存在探究への能力であり、一方、後者はキリスト教神学の神存在探究への手段でした。前者は「神的」存在を証明し、後者は「神」存在そのものです。この差は非常に大きな隔たりで、それは端的にいって、科学と宗教の埋めがたい隙間、あるいは理解の越えがたい壁とでもいうことができるでしょう。また、神学的比較を考慮に入れると、自然神学と啓示神学の相違ともいえるかもしれません。

トマスのいうことを聞きましょう。彼によれば、理性は人間本性として神から与えられている認識能力であり、信仰は私達人間の能力──理性──を越えて神から与えられる恩恵であると規定します。私達は「恩恵」という言葉の意味を正確にいえるでしょうか。それは、自然からあるいは他者から与えられることによってその人を豊かにし、幸福をもたらす事物や行為であるということです。とすれば、信仰をもつということは、神から幸福を与えられること、神を信ずるということは純粋に幸福を得ること、といってもよいでしょう。しかし、無神論者の方が多い今の私達の大部分はそのように考えるかというと疑問です。

トマスは次に自然神学と啓示神学の結びつきについて考えます。若干繰り返しになりますが、理性とは人間に賦与された認識能力であり真理＝世界の諸々の本質を明確に知ることはできないけれども、世界と世界のなかに住まうあらゆるものを存在せしめている何者かがいるという意識に私達を到達させます。確かに、私達の科学は、とくに医学分野における遺伝子操作が行われる時代では、遺伝子またはＤＮＡ──配列の違いから生物を特定できたり、病気の傾向性を解明できます──という存在自体の解明は進んだわけですが、では、何のためにそれらを誰が作ったのでしょうか。やはり私達は人間の能力を越えるある存在を思わないわけにはいきません。自然神学の領域は神らしき――神的――存在をこのように掴んでいるのです。そして、ここまでの段階には理性を働かせる人間は誰でも到達することができる、とトマスは述べます。

しかし、本当にトマスが私達に伝えようとしているのは次のことです。神は人間の救済のために、理性を越えた神についての知をある特定の人をとおして人類に啓示したのです。それがイエスであることはいうまでもありません。この啓示は信仰をもって受け入れられるわけです。信仰、先ほど確認したように、それは神を信じることに尽きます。神はそこに現れるといってもいいでしょう。この理性と信仰はどのように接しているのかといえば、私達の本性である理性は神的存在への知であり、これは啓示に基づく神学に矛盾するものではなく、却って、それを受容するための前提であり、完成されるものとしての神学という位置づけとなっています。

「恩恵は自然を破壊せず、却ってこれを完成させる。」

トマスは上記のように、その親密性を強調します。そしてそれを「聖なる教え」と呼び、自然神学を啓示神学の前提とすることによって、真理の統一化を、すなわち神学の完成を試みたのです。ですから、私達は理性を働かせることで「存在としての自己」を知る作業を行い、その後「存在させられている自己」を認識して、謙虚な心になるのです。トマスはその存在させられている私達を認識することに神の恩恵があるといっています。果たして私達はその神の恩恵を感じる存在になれるのでしょうか。

最後に、上述の内容を含む代表的なトマスの作品としての『神学大全』の構成を簡単にみておきましょう。

『神学大全』は３部構成となっており、第１部が神学、第２部が人間学、第３部がキリスト論となります。第１部は、神との関係において諸々の被造物、とくに人間について論じられます。第２部は、理性的被造物である人間の神に向かう運動を考察するということから倫理的問題が扱われています。そこでは、人間は「根源より出る者」として、人間こそ神から出て、神に帰る存在として語られています。第３部は、そのような人間が神に戻る――

還帰する――ための道である人間としてのキリストについて論じられているのです。

以上のように、私達はスコラ哲学の課題を背負ったトマスの思索をみてきたわけですが、再三、途中で触れたように、本当に私達は神を信ずることができる存在なのでしょうか。もし、信じることができないとなれば、トマスの主張する段階――信仰をもつ――に到達できない、言い換えても同じですが、神からの恩恵を受け取れない不幸な存在となってしまうかもしれません。ただ、現在の地球環境を考えた人々であれば、私達が自然の一員であり、共に生活――共生・共存――していることで、自らの存在意義と使命を少しは認識できる段階に、私達人類はいるといえるのではないでしょうか。

5講　マキアヴェリ（1469—1527）

1　イタリア・ルネサンスの源泉

マキアヴェリを語る前にやはり、イタリア・ルネサンスの源泉あるいはその精神の醸成を教えてくれる歴史的背景を探るのが常套でしょう。

ルネサンスの一つの精神は、トマス・アクィナスの項目でみたように、信仰や神中心的な宗教精神文化世界からの人間本性の回復・復権という要素を含んでいるといえます。これまでの中世世界はイスラム文化からの経験的・実証的精神をある程度吸収したとはいえ、神世界からの離脱ができない状態にありました。ルネサンスはそのスコラ哲学世界から飛躍するために現実的、合理的な実践社会における実際の人間として生きていくことを再考しようとした、そういう人間の自然な精神欲求によって促されたといえます。それに大きく関与したのが、周知のように、古代の世俗的ギリシア・ローマの時代精神であったところです。

ルネサンスの研究家で著名なブルクハルトは自らの著書『イタリア・ルネサンスの文化』で、次のようにルネサンス精神の信仰に対する勝利を語っています。

「古代文献（哲学）が神々の信仰に対する哲学に勝利したということになる。それはまさに人間の自由と必然に対する神の摂理の関係ということになるのである。」

ブルクハルトの話を次のように考えてはどうでしょうか。トマス的な神の恩恵という信仰の居心地のよい精神領域に取り込まれていた――依存していた――人間が、そのシェルターから這い出してきて、自らの意志――自由――に突き動かされ、現実存在という必然のもとに置かれる自らを再考しようと決心したと。まさに、人間が自らの足で歩み出した瞬間こそが、近代の幕開けといわれるルネサンスの出発点であったといえそうです。

そのルネサンスの精神、すなわち人間は神から自立した存在であることを的確に宣言した思想家としてピコ・デラ・ミランドラ（1463―1494）の『人間の尊厳についての演説』（1486）の最初の部分をみてみましょう。まず、ピコは神の人間の創造に触れ、人間という存在は造り主の御業の美を愛し、その雄大なることを感嘆する者が誰かいることを神が望まれたから、自らの仕事の最後に人間を誕生させた旨を述べています。その後、次のように、人間は自らの意志で自らの姿を決断をすべき存在であることを神から任されたことをピコは述べます。神は人間に次のように語りかけるのです。

「我々は定まった座も、固有の姿形も、お前自身に特有ないかなる贈り物も、おおアダムよ、お前に与えなかった。それというのも、お前の願い、お前の意向に従って、お前が自分で選ぶその座、その姿形、その贈り物を、お前が得て、所有せんがためである。他のものたちの限定された本性は、我々によって規定された法の中に抑制されている。お前は、いかなる制限によって抑制されることもなく、その手の中に、私がお前を置いたお前の自由意志に従って、自分自身に対して、自分の本性を指定するであろう。世界の中にあるものすべてを、いっそう都合よくお前がそこから見回せるように、私はお前を世界の中心に置いた。我々はお前を、天のものとも地のものとも、死ぬべきものとも不死なるものとも、造らなかった。それというのもお前があたかも自分自身の専断的な名誉ある造り主であり形成者であるかのように、自分の選り好んだどんな姿形にでも自分自身を形造りえんがためにである。お前は獣であるところのより下位のものに堕落することもできるであろうし、お前の意向次第では、神的なものであるところのものより上位のものに再生されることもできるであろう。」

さらに、ピコは、人間とは神に望まれて創造された存在であるから、自らの尊厳と栄光で天使と競うことができる自由意志をもっている、とさえ付け加えます。そして、次の言葉がルネサンスと古代ギリシアを強く結び付けるのです。

「ギリシア人やアラブ人の哲学者たちを度外視して、ラテン人たちの哲学だけ、すなわちアルベルトゥスや、トーマスや、スコートゥスや、エジディウスや、フランチスクや、ヘンリクスの哲学だけが論じられたとしても、何の価値があったろうか。あらゆる知恵は蛮族からギリシア人たちへ、ギリシア人たちから我々へと流れ及んだのであるから。」

私達は、上記のピコの言葉にルネサンス精神の力強さを受け取ることができます。その内容において、とくに人間の自らの姿形を獲得するための自由意志からは、神学に依存する人間の姿はすでになく、神の手から離れ、運命に単に従うことしかできなかった羊のような弱々しさをした姿は消えています。人間自らが与えられた能力——知性や理性——を使うことによって、自らの望む環境をまさに掴もうとしている情景が、私達の目の前に浮かぶところです（運命と人間の能力の話はマキアヴェリの項目で後で扱うことにします）。

もう一つのルネサンス精神の側面を指摘しておくと、イタリア商人の精神も若干ですが考察する必要があるでしょう。

彼らは地中海における仲介商業に従事しており、その点で、ルネサンス精神にイタリアの都市の経済的発展が深く関わっているといっても過言ではないでしょう。従って、端的にいって、ルネサンス精神のある一面には、その商人精神が宿っているといえそうです。そのイタリア人の地中海における仲介商業とは、当時もっとも文化の進んでいたアラビア諸国との交易上の付き合いにありました。その接触から彼らが学芸文化の影響を受けていたことは確実です。その文化・知識・思想としてのアラビアの精神は、スコラ哲学でもみたとおり、徹底した世俗主義——当然、現実認識としての経験的かつ科学的思索は含まれますが——と呼べるものです。従って、イタリア商人の精神をより理解するためには先のピコの議論のなかにもみられた、「自分の選り好んだどんな姿形にでも自分自身を形造り」変えていく強い意志と商人的経験と計算——将来的展望——というイタリア都市の姿も陰影としてみなければなりません。

2　マキアヴェリ

1　イタリアは統一されるのか？

マキアヴェリの思想を探る前に、彼の生きた時代環境に触れておきます。彼が生まれたフィレンツェは当時どのような役割を負った存在であったのかを、若干、時代とともに周辺状況を視野に入れながら確認しましょう。

ヨーロッパの国際情勢はどうでしょう。時代とすれば15世紀後半からの大きな流れとして近代的絶対王政へ向かっていく時期でありました。フランスにおいてはルイ 11 世からシャルル 8 世へ移行し、国家は磐石なものとなったといえるし、イスパニアではフェルディナンドとイザベラの結婚によりイスパニア王国は勢力を増していきました。さらに神聖ローマ帝国ではハプスブルク家マクシミリアン 1 世の国家統一が成されていきました。そして、イギリスでもバラ戦争後にチューダー朝のヘンリー 7 世が即位し落ち着きを取り戻します。このように、イタリアを取り巻くヨーロッパ諸国家は着実に国家形成を推進していくなかで、イタリア一国は時代の潮流から取り残されていく姿がみえてきます。

では、イタリアの国家事情はといえば、これまで大小の都市国家がそれぞれ独自の統治を行っていましたが、16世紀初頭までに都市国家間の争いによる併合を繰り返す過程で、フィレンツェ共和国、ミラノ公国、ヴェネチア共和国、教皇領、ナポリ王国などに分割されていきました。とはいえ、いまだ、統一国家への道程は険しく、その統一を阻んでいた都市国家の一員にマキアヴェリのフィレンツェ共和国があったのです。

当時のイタリアの国内の国家群を 2 分類してみると、ミラノやナポリを中心とする君主国家群とフィレンツェやヴェネチアを中心とする都市国家群という性格の異なった国家群をみることができるのです。当然、前者は君主ですから一刻も早い統一国家を構築するという方向性と意志をもっていたのですが、後者は商業国家であり、統治しているのが大商人であるのが常ですから統一に消極的であったのです。なぜなら、都市国家＝商業国家は独立しているからこそ自らの利益を確保・増大できるのであって、統一国家になるということは、商業上の既得権益のすべてを国家という機構にもっていかれることを意味しますので、当然のことながら保守的で現状肯定的な姿勢をとっていたからです。君主国家群の進歩性に対しての都市国家群の強固な保守性が統一へのスピードに対する大きなブレーキになっていたのです。

では、そのようなフィレンツェ共和国の政治手法に対して、マキアヴェリ自身はどのような考え方をもっていたのでしょうか。これが次の私達の課題となります。

2 マキアヴェリの『君主論』の真意

まず、マキアヴェリの共和国における役職から確認しておきますと、彼の家系は代々フィレンツェ政庁の書記を務めており、彼もまた第二書記局（内政と軍事を管轄する局）に勤務する身でありました。この書記局の性格上、外交使節の随員として多くの諸国との交渉にあたることで、彼はイタリアを取り巻くヨーロッパの政治実態をよく把握していたといえます。ですから、一都市国家としてのフィレンツェの命運を思うと、共和国の置かれた危機的状況打破への気持ちは人一倍大きかったといえます。

マキアヴェリが勤め出して数年後、彼はある人物と運命的な出会いをします。その人物というのがチェーザレ・ボルジアです。彼は教皇アレクサンドル６世と遊女との間に生まれ、皇位継承からすれば下位ですが、教皇の意志を汲み取り領土の拡大への道を歩み出していたのです。チェーザレがフィレンツェ領アレッシオを占領したので、ここに交渉役として派遣されたのがマキアヴェリでした。彼のチェーザレに対する印象は強烈だったようです。

自分の知力も洞察力もまったく歯が立たない非凡さと運をもった人物であると。マキアヴェリは『君主論』のなかで、次のようにチェーザレ（＝世にヴァレンティノ大公と呼ばれていました）に理想的な君主のあり方をみていました。

「今大公がとった経路をかえりみるに、彼は将来のために堅固な基礎を築いたことが分かる。そこで新たに君主となった者にとっては、この人の例ほど善い教訓はないから、これをここに論じてもあながち無用だとは思わない。またもし彼が取った処置に利するところがないにしても、それは特異なそしてきわめて不幸な運命に因るのであるから、彼の罪ではない。」

上記のように述べたあと、多くのチェーザレの例証を示すことで、マキアヴェリが求める君主像を描いていきます。チェーザレがもし不幸な運命に左右されなければ、マキアヴェリはこの『君主論』を彼に献上したのではないかといわれています。

君主の行動指針とも呼ぶべき叙述を以下に挙げましょう。この行動指針こそ、よく指摘されるように、これまでの宗教的倫理的な行為原理とは異質な要素を提示することによって、国家権力の明確な必要性と状況による非道徳性をも容認した、といって非難されるところでもあります。ご存じのように、今日では目的達成のためなら手段を選ばない行為・主義を表すのに使われる「マキアヴェリズム」はこの同書の内容からきているのです。さて、君主の行為はどこまで許されるのでしょうか。

「それは残忍が善用されたか悪用されたかによる、と私は思う。そこでもし悪を善ということが許されるとすれば、悪を善用するという意味は、自己の安全を守る必要から残忍な手段を一度用いたとしても、以後はこれに固執しないで、むしろ臣下のためできるかぎり幸福をはからなくてはならない。悪用される場合とは、はじめほど残忍ではないが、時がたつに連れて減じるどころか、却っていよいよ甚だしくなるときである。」

アダム・スミスは『道徳感情論』第６版第６部第１篇の慎慮についての最後の箇所で、上記の内容に触れ、彼ら２人の名を挙げて、次の発言をしています。

「大征服者たちの暴力と不正は、しばしば、ばからしい驚異と感嘆をもってみられ、けちな窃盗、強盗、謀殺者の暴力と不正は、あらゆる場合に、軽蔑や憎悪をもって、さらに恐怖をもってさえ、みられるのである。前者は百倍も多く危害を与え破壊的であるのに、成功すれば、しばしば、もっとも英雄的な度量をもった業績として通用する。」

スミスの上記の指摘には、前提があり、大きな犯罪が処罰されずにすむ国々と裁判の厳密な運営が行われている国々での不正のあり方について、さらに無思慮について論じられた箇所の考察からでてきたものです。ここで、スミスは明確にはマキアヴェリの議論を評価しているわけではありません。が、状況が異なる場合には、とくに前者の国々では国家統一がなされておらず、法治国家の建設が行われていないとき、国家統一という大きな事業における過程での残忍な悪事は許容されるべきものであること、あるいは国家建設途上で、自らの国家の安泰を願うとき、他国からの悪い評価を得ようともそれ以外に策がない場合を想定に入れて述べたものと考えられます。これを個人の行動領域を越えたより高い次元――公益――に立つ人々の慎慮のあり方としてスミスは提示したといえます。

「チェーザレ・ボルジアは残酷な人間だといわれるが、残酷なるが故に彼はよくロマーニャを平定し、統一し、平和と信頼とを招来したのである。」

また、マキアヴェリは、君主は人々に愛されなくとも恐れられる存在でなければならないといいます。というのも、マキアヴェリの大衆分析の一端を披露すれば、「人間は恩知らずで、多弁で、虚偽で、臆病で、けちであると一般にいうことができる」、さらに「人間は非常に単純であってただ目の前の必要に支配される」からです。人間一般＝大衆は上記の指摘のように非常に了見が狭く、思慮浅いのです。そのような彼らが果たして国家を運営できるでしょうか、できるはずはないのです。

マキアヴェリの次の有名な、「ヴィルトゥ（virtú）」＝人間の能力と「フォートゥナ（fortuna）」＝運命の関係性を扱った箇所をみましょう。この叙述こそ、先ほどのピコが著した人間の自由意志の一つの表現として指摘されるところです。

「世の中の事は、すべて運命と神によって支配され、人知をもってしては到底律することができないし、矯正する道もないように定められてあると信じている人が多くあるかもしれない。このため人間の努力は無意味であって、万事は天に任すべきものであると考えてくるであろう。……とはいえ、我々に自由意志が消滅しないかぎり、私はこう考える。つまり、運命は人事の半分の裁定者であるが、残りの半分は、あるいはそれより少ないかもしれないが、それは我々の裁量に任してあると。」

マキアヴェリは確かに運命の力を否定はしませんが、上述では、私達の「自由意志が消滅しないかぎり」と強調して、運命に抗する能力＝ヴィルトゥ（体力、知力、才能等、人間が本来もっている諸能力）が明確に私達の内にあることを主張しています。彼は、先の主張の後、堤防の例え話を挙げています。すなわち、その堤防を洪水が想定される場所に設置することによって、私達はその脅威（＝運命、必然性）を自らの力で取り除くことができると。さらに、マキアヴェリは君主の決断の重要性について述べます。

「私個人としての考えでは、用心深くあるよりも、むしろ断行したほうがよいと思う。由来、運命の神は女神である。だからこれを支配するためには撲ったり突いたりする必要がある。冷静に事を処理する人よりも、どうもこうした人にもっとよく従うものであるらしい。だから、運命は、女と同じく、つねに若者の友である。というのは、青年は思慮浅く、乱暴で、しかも大胆に彼女を支配するからである。」

以上のように、マキアヴェリは自らのフィレンツェ共和国の限界を認識し、祖国イタリアがヨーロッパの諸国家の侵攻を排除する道として、絶大な力をもつ君主を待望すると同時に、人間の自由意志が、同じことですが、ヴィルトゥ＝能力が、フォートゥナ＝運命に抗することができること——一つの合理性の表れ——を君主を描くことで抽出してみせたといえます。さらに、その君主の行動指針としての残忍を善用する本当の意味として、個人という枠組みを越えた政治的諸問題の重要性にまで踏み込んだ議論をしている点が、今日の私達に倫理性を議論の外に置く一つの枠組み＝政治学を提供したといえます。

私達はマキアヴェリが提示した政治学のなかで道徳的行為を排除した思索を本当に許せるのでしょうか。私達はいつでも現代の諸問題から人間の本来性を取り除くことはできません。国家的利益に関わる人々も同じ人間であることをやはり忘れてはいけないでしょう。その点、マキアヴェリの人間把握では、ヴィルトゥをもつ者ともたざる者の区分を設け、大局的判断のできる君主や為政者のみにその能力をみたという側面を看過してはならないでしょう。一般の人々の判断力は考慮されていません。人間の諸能力が平等であるという発言は今しばらく待たなければならないのです。

6講 ルネサンスヒューマニズムから宗教改革へ

1 ルネサンスと宗教改革の関係

ルネサンス精神としての人間復興あるいは人間解放の思想は、イタリアから周辺諸国へ波及していきました。また、その精神はヒューマニズム（=人文主義）とも呼ばれ、人間本性と社会の理想的なあり方への問いが現実社会への痛烈な批判とともに多くの部面で公表されるようになったのです。例えば、カトリックの司祭であったエラスムスの『痴愚神礼賛』（1511）や英国の大法官を務めたトマス・モアの『ユートピア』（1517）等はその代表的な著作でしょう。その両著書で内容的に一致するのが、現社会（=当時）体制への鋭い批判の数々です。

例えば、エラスムスは先の著書の始めに、物語りをする痴愚神自らが、高慢な諸王侯や高僧さらには出世欲の強い神学者たちより、自分はいかに謙虚な存在であるかという発言をします。

「第一、私が自分で自分を褒めましても、どこかの某といわれる学問のあるお方や、某といわれる偉いお方よりも、はるかに謙虚だと思います。こう言う方々は、羞恥心が腐っていまして、お世辞のうまい頌詞作者やほら吹き詩人をお抱え料で買収なさり、ご自分に対する褒め言葉を、つまり、真っ赤な大嘘をお聞きになろうというのですから。」

さらに、痴愚神は、多くの人間が生の営みを繰り返し、度重なる享楽を求める人間の性向を取り上げた箇所で、彼女の侍女のアノイア（=軽躁無思慮）

が一役買っていることを自慢するのです。ここでは、「結婚」という私達にとっては幸福な儀式という印象を覆すもののいいように出会います。

「皆さんに伺いますが、神々や人間は一体どこから産まれるのでしょうか？　頭からですか？　顔、胸からでしょうか？　手とか耳とかという、いわゆる上品な器官からでしょうか？　いいえ違いますね。人類を殖やしていくのは笑わずにはその名も言えないような実に気違いめいた、実に滑稽な別の器官なのです。……そのうえ、もし、賢人たちがしているように、結婚というものの不便不都合をあらかじめ計算できていたら、一体誰が、結婚などという桎梏に首を突っ込むようなことをするのか、お尋ねしたいです。また、子供を生むのにどれくらい危険があるものか、またそれを育て上げるのにどんなに苦労するものかをとくと考えたなら、一体どこのご婦人が殿方の許へ行くでしょう？　皆さんの生命は結婚のおかげでできたのでしょうが、結婚する気になれるのも、私の侍女の『アノイア』のおかげなのです。」

このように、エラスムスは人間の愚かしさそのものがいかに痴愚神によるものか、すなわち人間の数々の所業が人間自らをいかに堕落させているかを指摘しているのです。彼の痛烈な批判は、世俗の人々に向けられているところですが、その彼自身を含めた人間全体への問い掛けが、エラスムスの同著書への、身内＝宗教界からの排斥を受けることになったのです。

エラスムスのこの一例としての社会――政治・宗教等――への批判は、どのような意味を実際はもつのでしょうか。それは、ルネサンス精神が浸透した社会への、つまり、暴走する世俗ルネサンス――欲望の無限的追求と肥大化――社会への批判であり、宗教改革への道程は、世俗ルネサンスへの警鐘ではないかということです。

従って、ルネサンスと宗教改革の関係を論じたまさにそのタイトルをもった『ルネサンスと宗教改革』(1913) を著した、マックス・ウェーバーの友人であるトレルチの議論から、少しばかり先程の方向性を考えてみましょう。

トレルチは、「宗教的新生つまり宗教改革の方が、ルネサンスに比して比較にならないほど強力な原理であった」と述べています。その持論に対抗する議論として、哲学者ヴィンデルバンドの『近世哲学史』(1864) のなかの彼の主張を取り上げます。

「この部分現象 (=宗教改革) は、一般ルネサンスの中で確かにひとつの重要な地位を占めているけれども、しかし、事実はしばしば言われてきたように、一般ルネサンスの最重要なまたは推進的な動機では決してないのである。」

さらに、ヴィンデルバンドはルネサンス人文主義のなかに個人の「何ものにも媒介されない独立の宗教性といったものへの願望」があったことを指摘しています。では、ここでいう「何ものにも媒介されない」という意味は何かという疑問が浮かびます。

ルネサンス精神が、自らが生んだ事態を省みることによって、自らを再構築しようと試みたということです。それが、ヒューマニストの一つの作業ではなかったかと。別言すれば、ルネサンス精神の世俗への浸透と普及、すなわち世俗ルネサンスの誕生とその社会現象への批判としてのヒューマニズムのあり方こそ、宗教改革への橋渡し役であり、その重要性に私達はもっと注視していいのではないでしょうか。次にトマス・モアの『ユートピア』の内容を概観することで、宗教改革への橋渡し役としての内容を検討します。

2　トマス・モア

トマス・モアはエラスムスの友人です。それもかなり親しい交流をもっていました。その証拠となるのは、先にみたように『痴愚神礼賛』をエラスムスが執筆し、真先にその原稿を読んだのがほかならぬモアだったことです。そして、同著書をエラスムスは友人のモアに捧げたのです。1499年の夏にイギリスの貴族ウィリアム・モンジョイがエラスムスをイギリスに招待し、モアに会い、その場で２人は意気投合しました。その後、友情は終生続きました。とはいえ、モアがイングランドの大法官になったあとは、書簡の交換も役職柄あまり活発でなかったといいます。また、２人は互いの著書を、モアはエラスムスの『痴愚神礼賛』への偏狭な批判に対して弁護し、一方、エラスムスはモアの著作『ユートピア』を大陸の人文主義者達に勧めたのです。

このように２人が同時代の社会環境の激変のなかに身を置き、時代の息吹を肌で感じ取っていたのは明白です。そして、この２人の著作に共通するのは、やはりルネサンス精神としての現実観察とそのなかで生活する人間精神の堕落への批判精神であったといえます。より具体的に述べれば、諸都市の発達と同時に商業社会を支えている階級の台頭と、その一方で未だに歴然と権力を振るう宗教的権威と彼らと関わりをもつ為政者の狂気的な言動を、彼ら２人はみていたといえましょう。それも２人が属するカトリックの立場から。

話をモア一人に戻しますと、彼は最期には、王ヘンリー８世のイギリス国教会設立——王妃との離婚——にカトリック教会の立場から反対し、斬首刑に処せられたのです。

1 『ユートピア』の体制批判

私達はこれまでにモアといえば、『ユートピア』の作者であり、そのなかでの名言といえば「羊が人間を食らう」という第１次エンクロージャー（囲い込み運動）の歴史的事実を覚えているところでしょう。先の言葉の正確な言い回しを探す前に、当該書の内容を確認します。

『ユートピア』はラファエル・ヒュトロダエウスの話をモア自らとピーター・ヒレスが聞くという設定のもと、２部構成からなり、第１部では、イギリスの社会体制批判が中心を占めています。そして、第２部において、この書物のタイトルともなっている「ユートピア」——ギリシア語の「どこにもない」という「ウ・トポス」が「ユートピア」の語源——島、そのどこにも存在しない島、つまりはモアが理想とする社会体制を実現している島の様子をヒュトロダエウス——この名前もギリシア語からの造語で「お喋り」――が全編語るという設定になっています。

先の「羊が人間を食らう」という発言は、ちょうど、イギリスの現在の体制下での盗人たち――囲い込み運動で、耕作地を追われた農民たち――に対する処罰が軽いので、見せしめのためにももっと重い刑に処するようにして、社会的治安を取り戻そうという内容が先にあって、次の叙述になります。

「羊は非常におとなしく、また非常に小食だということになっておりますが、今や大食で乱暴になりはじめ、人間さえも食らい、畑、住居、町を荒廃、破壊するほどです。この王国で特に良質の、従ってより高価な羊毛ができる地方ではどこでも、貴族、ジェントルマン、そしてこれ（怠惰と贅沢）以外の点では聖人であらせられる何人かの修道院長さえもが、彼らの先代の土地収益や年収入だけでは満足せず、また無為、優雅に暮らして公共のために役立つことは皆無、否、有害になるのでなければ飽き足りません。つまり残る耕作地は皆無にし、すべてを牧草地として囲い込み、住家を壊し、町を破壊し、羊小屋にする教会だけしか残りません、さらに、大庭園や猟場をつくるだけではあなた方の国土がまだ痛み足りなかったかのように、こういう偉い方々はすべての宅地と耕地を荒野にしてしまいます。」

上記のことは、すでにお気づきのように、人をして盗みを働かせる原因が、彼ら自身にあるのではなく、彼ら農民を追放した人々にあることを指摘しています。付言すれば、社会的地位の高い貴族や聖職者という人々の高価な羊毛への欲望が、さらなる欲望増殖と農民への暴力的抑圧策へと連なる過程＝社会体制への痛烈な批判であることは明らかです。

2　ユートピアの人々の社会――高慢心への批判

モアは「ユートピアに関する詩と書簡」の箇所で、ユートピアの人々の「三つの神的制度」を次のように紹介しています。

「第一は、市民間での善きもの悪しきものすべての平等、あるいは別の言葉でおっしゃりたければ、全面的かつ絶対的な『市民分有制』。第二は、平和と静けさに対する恒常にして不屈の愛。第三は、金銀の蔑み。」

上記の第一は、市民分有制でわかるとおり、私的所有財産制の廃止を説くものであり、第二は、戦争への嫌悪、すなわち無用な戦争を避けることを旨としていますが、自らの祖国を愛するがゆえに自発的に従軍する市民の存在（＝民兵）を窺うことができます。さらに、第三は、明確に金銀への蔑みを説くことによって、貨幣の使用の全廃とともに貨幣への欲望が消滅するというのです。これらの状況は、第１部におけるイギリスの社会体制とはまったく異なっていることはいうまでもありません。イギリス本国の多くの人々が自らの欲望を、権勢を、利己心を、さらに拡大していこうと傲慢になっていく過程で様々な抗争を繰り広げ、周りを不幸のどん底に陥れているのですから。

彼らユートピアの人々が、公私いずれの生活領域にもキリスト教的な風習と知恵を取り入れて静かに暮らしている情景から、モアは、すべての人間の心のなかに「堅固かつ不動な確信」として上記の神的制度＝法原理が備わることを望んでいたのです。

ルネサンス精神は商人的合理的精神を内に含んでいました。そのことが、人間復興のなかで、自由意志による個人としての利益追求を容認する風潮を醸成したことは確かです。さらに旧制度側——カトリック教会も含めて——にとっても、自らの権勢を拡大することに何の躊躇も後ろめたさも感じない雰囲気があったといえましょう。ルネサンス精神は世俗的欲望を増長させ、教会内部にも蔓延させたといってもいいかもしれません。だからこそ、エラスムスやモアはカトリック内部からの変革の意志を明確にしたのだといえます。では、どのような精神や心持ちがこれまでの社会を造ってきたかといえば、それは人間の「高慢心」であり、モアは執拗に同書のなかでそれを攻撃するのです。

「貪欲と略奪心は、あらゆる生物の場合には（将来の）欠乏に対する恐怖から起こりますが、人間の場合には、必要もないのに、ものを見せびらかして他人を凌ぐのを栄誉と考える高慢心だけで起こります。」

さらに、次のように高慢心の凶暴性や狡猾さを描き出した箇所などは白眉といえましょう。

「こういう事態〔ユートピアの社会〕は、もしも、あらゆる災禍の首領であり親であるあのただ一匹の恐ろしい野獣、すなわち高慢心が反抗してさえいなかったら実際に起こりえたでしょう。この高慢心は、自分の利益ではなく、他人の不利をもって繁栄の尺度としています。高慢心は、自分が支配し嘲笑できる相手としての惨めな人たちの悲惨さと対照されて初めて高慢心の幸福はことさらに輝き出すのであり、高慢心は自分の富を見せつけて惨めな人たちを苦しめ、その貧苦を煽り立ててやろうとしているからです。この冥府の蛇は人間の心に巻きついて、人がより良い人生行路に就かないようにと、まるで小判鮫のように引き戻し、引き止めます。」（〔　〕は引用者）

すでに、私達は現代社会を生きる上で遭遇している様々な欲求に、欲望の数々に翻弄され、自己抑制の弱い人間本性の状態を嫌というほど味わってきたかと思います。人間の他者への優越意識と他者の不幸への関心、さらにはマスコミの凶暴ともいえる報道と情報収集の偏向的な営利的態度のすべては、モアが16世紀に指摘しているわりにはまったくといっていいほど本質的に変わっていないのです。

モアの理想とする社会の宗教観について最後に触れておきましょう。

ユートピアの人々は誰でも自分の好む宗教を信奉してもいいというのです。また、その宗教がよいと思えば他の人々を勧誘してももちろん構わないといっています。しかしながら、そのやり方は決して強引なものではなく、自分の宗教の合理的根拠を示し、暴力的な手法ではなく、説得をもって行うべきとしています。そして、次のような態度こそ、これこそカトリックの世界の内外で行われていたことですが、猛省すべき態度であると指摘しています。

「人が自分で真理だと信じていることは、他の人にも同様に真理として映るはずだという考えからそれを暴力や脅迫で強要するのは、横暴で、馬鹿げたことだということは〔ユートピアの人々は〕確信していました。」(〔 〕は引用者)

モアの上記の発言は、自らが属しているカトリック教会の内部への批判であることは明白です。

私達は、次にエラスムスとルター、別言すれば、カトリックの内部からの改革者と外からの改革者の、神と人間の関係性と人間の自由意志に対する考え方の違いを眺めることで、僅かですが宗教改革の人間精神へ与えたメリットとデメリットを検討してみたいと思います。

3 エラスムスとルター

エラスムスは『痴愚神礼賛』を執筆する前に、1504年に上梓された『キリスト教兵士提要』を著して、キリスト教の教えを、俗世間に生きる人間を救いに導く手引きであり、キリストの兵士が身につける武器とは何であるかを自らの経験と思索を要約し、解釈を示しました。この書物の内容が、後に彼自身がいうように先の『痴愚神礼賛』と同様であるとすれば、『痴愚神礼賛』の社会への辛辣な風刺の裏側に隠されている純粋なキリスト教解釈を私達は知ることができるはずです。

『キリスト教兵士提要』の要旨は、キリスト者の生の営みを戦いに例えて次のようにいっています。キリスト者は外なる世間と内なる自己とのいずれにも見出される悪と罪とに対する不断の戦いを行っていくのです。この戦いにおいて、神はキリストとして世に臨み、人間の努力に対して最終的な勝利を保証しているのです。それとは対照的に、人間はあまりにも神の恩寵にすがり過ぎ、傲慢と怠惰に陥る悪しき可能性を秘めた存在です。従って、人間はそのような心持ちに引きずられないように、中道としての態度——恩寵を頼みつつ、自らも努力をする(＝自由意志)——を取ることが促されます。キリスト者はこの生の戦いにおいて用いる武器を二つもっています。それらは「祈り」と「知識」です。「祈り」は心からキリストにすがることであり、悪への最終的な武器となります。その一方で、「知識」は人間に「何を」、「いかに」そして「どのように」してキリストへの道を歩むべきかを示してくれるのです。そして、そのキリストへの道を目指すことこそが聖者の知識としてエラスムスが強調するところです。

上記のキリスト者の武器をエラスムスがもち出す背景には、当然、当時の近代的スコラ哲学者の神学的議論が聖者の精神から遠く隔たった場所にあるということへの批判があり、その議論自体が誤った行為であるという指摘であったと思われます。そのため、彼はギリシア・ローマの古典――原始キリスト教の福音書の元となっています――がキリスト教を知るのに役立つと述べています。ですから、エラスムスは人間に対する考え方は、プラトン哲学と聖書における理解が一つの真理を示しているとします。私達人間は精神と肉体という二つの原理から成り、精神は永遠なものに向かい、身体は有限なものでこの世に止まります。従って、理性的精神と身体的情念は対立するものとして認識され、エラスムスはストア的情念否定とともにアリストテレス的情念を正しい方向＝中庸を求める方法とプラトン的な調和＝自制（テンペランス）とを大切な心得として説いているのです。となれば、エラスムスは哲学の知恵と聖書の教える知恵を等しく扱っているということがいえるでしょう。そして、そのことが当時のキリスト教の外的儀礼に対する、また修道院生活に対する批判であることは明白でしょう。

上記のエラスムスの批判は、ルターのキリスト教の現状に対する批判と同様であり、ルターが旧教会批判を展開した当初は、エラスムスは彼に同感し、支援していたのは有名なところです。しかしながら、エラスムスの教会改革はルターのような過激なものを指向していたのではありません。彼の意図するところは、教会の権威を法王に置くのではなく宗教会議という形をとって教会自体の分裂を避けようとすることにありました。

次に、ルター（1483―1546）の思索としての神と人間はどのようなものだったのでしょうか。

ルターは自らを「ドイツ農民の子」と称し、大衆的立場を強調しています。彼は1501年エルフルト大学で法律を学び、1505年にアウグスティヌス派の修道院に入りました。その後、彼は懸命に修行を積み重ねていくのですが、いつでも自らの救いに対しての不快、不安を抱いていたのです。というのは、彼は神から課せられる掟――修行――を守ろうとして努力するだけ、喜んで神の名のもとで、その掟に従えない自分を見出していったからです。ルターは1515年、パウロのローマ書の一句である「義人は信仰によって生きる」という自らの救いの道をみつけたのです。この言葉こそ、「信仰」によって「義＝正しき」人となることを意味していました。ローマ教皇庁がサンピエトロ大聖堂の建設にあたり、免罪符を売り出したことに彼は抗議し、1517年に「九十五ヵ条の論題」を自分の町の教会に貼り出したことで、宗教改革は大きく動き出しました。

「義人は信仰によって生きる」とは次の内容を含んでいます。ルター自身の経験が証明しています。いかに神の掟を守り善行の功徳を積んでも絶対に救われる保証はないということです。従って、「正しさ」とは善行を積むことによって得られるものではなく、信仰によって与えられるもの、と彼はいっています。善行も信仰を前提としないのであれば意味を失ってしまうのです。ですから、信仰から湧き出る行為がまさに善ということになります。

以上のことは、次のようにカトリックの教えを破ることを意味します。まず、信仰に基づく行為のみが善であるということは、真の善行は宗教的戒律を越えてあらゆる人間の行為に見出されることになります。そのことはあらゆる職業もそれが信仰に生かされるかぎり、神の召命であることでもあります。端的な例としては、高利貸しという職業もこれまで神が所有していた時間を冒涜するものとされていたところですが、まさに、ウェーバーのいうプロテスタンティズムが資本主義の精神として起動したということになります。また、聖職者という特殊・特権的な身分の意味もなくなるわけです(万人司祭主義)。個々人がまさに神と向かい合う存在となり、カトリック的な神の声を伝える役割はいらなくなったということです。

では、最後に、両者の自由意志論争を簡単に押さえておきたいと思います。エラスムスは1524年に『自由意志論』を著し、ルターを批判する立場に身を置きます。これに対する批判としてルターは翌年に『奴隷意志論』を著し、両者の立場の相違が顕著になったのです。

まず、エラスムスの『自由意志論』ですが、彼の摂理と自由の問題に対する態度は、神の恩寵と自由意志の関係から明らかになります。第１に、善に気づくあるいは知るということは私達の意志の働きではなく、「自然の光」（＝理性）の働きによるのです。これを「自然的恩寵」と呼びます。第２に、その善を意識し実行に移す場合にも、もちろん神の恩寵は人間に働きかけるとして、それを「協力の恩寵」と呼びます。このとき神の恩寵は第１原因ですが、第２原因として人間は自らの自由意志を働かせています。第３に、行為の完成、すなわち宗教的行為における「聖化」はもっぱら神の恩寵によります。これを「聖化の恩寵」といいます。この一連の過程を端的に述べれば、第１と第３の行程は神の手にあり、中間の第２の行程としての人間の行為が私達の自由な努力と意志によることになるわけです。となれば、エラスムスが指摘する人間の自由意志は宗教的に位置づけられたことになります。ただし、完全に人間の救いを自由意志に依存させるのでもなく、アウグスティヌスやウィクリフ等のように恩寵の必然に依存させるのでもありません。その中間にあることをエラスムスは指摘し、それこそが聖書の教えるところであると主張したのです。

一方、ルターの奴隷意志＝不自由意志論は、先に眺めた「救いは信仰にある」とすることから明らかなように、神の恩寵と人間の自由意志を哲学的弁証法的に両立させるような試みはすべきではないという態度を表明します。

ルター曰く、まず、もしも人間の救いが人間の自由意志によって達せられるのであれば、キリストが十字架に架かったことは無意味となるし、キリストは自らの死によって我々の罪をすべて背負ってくれたのにそれを無にすることになってしまいます。さらに、自由意志の技が救いをもたらしえないのであれば、自由意志そのものが無意味となります。すなわち、人間に自由意志を認めることは、神は人間に無関心で人間が救われるか滅びるかを人間自身に任せておくということになり、神の存在を危うくすることになるわけです。また、人間の自由意志が神に、あるいは悪魔に引きずられるという可能性さえあり、とくに後者に捕らわれる自由は罪となるので、そのような自由意志は存在しない方がよいという結論を導きます。

ルターが人間の自由意志の行動を否定することによって神の恩寵の必然性を主張するということは、信仰によってのみ人間は救われることを明確に主張したことと同じになるでしょう。その背景には、善行によって救われようと努力することが自らを虚しくさせたという彼自らの体験から、善行が自由意志として私達一人一人を救えないという思いから出たものであることが理解できるところです。まさに彼の予定説に連なるところです。次に同書からの自由意志への痛烈な批判箇所を一つ挙げておきます。

「神は偶然的にあることを予知したもうのではなく、彼の不変で永遠で誤ることのない意志によって一切を予見し、約束し、なしたもうものであることを知ることもまた、キリスト者にとっては、とりわけ必要にして有益なことである。この電撃によって、自由意志は徹底的に打ちのめされ、打ち砕かれるであろう。」

以上のように両者の神と人間との捉え方を概観したところ、次のことを私達は確認できるでしょう。エラスムスの求めた人間の自由意志は、ピコが述べたように神から独立した存在としての自己をもっていますが、現状の社会の様々な局面——体制・階層・宗教等々——で、神とは名ばかりの人間の傲慢な諸行為——それ自体が自由意志であるのですが——が横行し、社会を混迷と混乱へ導いていった反省としての自由意志ではなかったかということです。というのは、ピコが人間の尊厳で示したとおり、人間は獣にもあるいは神的存在へも自らの意志で移行できるわけです。その人間の獣的側面が顕在化したのが、これまでみてきたモアやエラスムスの著書の批判対象となったのです。彼らは人間の神的存在へ向かう慎み、すなわち自己を規制する糸口としてのキリスト教的真摯さを取り戻したいと望んでいたのではないでしょうか。まさに、道徳的・倫理的行為への注視といってもよいでしょう。

その一方で、宗教改革の旗手となったルターの奴隷意志、または不自由意志とは、運命から解放されたはずの人間をもう一度その下に置くことによって、人間の無能力な姿を傲慢になった宗教関係者に提示することによって、神への畏怖の念とその下での人間の謙虚さを取り戻すということを意図していたのではないでしょうか。

人間の傲慢さへの反省視点という点では、両陣営も同じように自らが生きた社会を感じ取り、善き社会への展望を開く人間のあり方を探っていたといえるでしょう。ただ、その対象、つまりエラスムスが宗教内での人間の自由意志をもつ者としたのは自らを関わる社会的階層や知識人にかぎられたと思われるのに対して、ルターの対象は、自らを農民の子と称したように、大衆をも宗教的主役にすえることによって、多くの人々もまた自立的存在であることを主張したかったように思われます。ただし、ルターの場合、個々人の自由意志を認めないその理由は、俗世での与えられた職業への専心——信仰をもって励む——が社会体制を支えるうえで必要であるからであり、個人の内面性の問題を社会的枠組みの外に置くことによって、大衆の人間本性としての諸能力の重要性と個人と社会変革への潜在的可能性を否定するものとなったといえるのではないでしょうか。

どちらにしても、近代人としての、つまり経済社会の進展のなかで生活する人間として、また平等な能力をもつ人間相互の交流としての諸感情のあり方や社会形成への関わりが説かれるのは時代環境的に次のステージでのこととなります。

7講　近代とは――若干の考察

私達は何をもって「近代」というのでしょうか。神的世界から離脱して、人間自らが自由意志によって行動する、そこにルネサンスの核があったことはすでに周知のところです。また、商業社会の発達により、そのことは翻って、貨幣経済への移行が拡大的市場を作り出すと同時に、私有財産の増大を招き、近代的国家の統治のあり方が問題となってきたのも事実です。このように経済的考察視角から考えると、「近代」においては個人が宗教的戒律的世界から解放されることによって、自らの欲求（とくに私的利益追求）を満たす、換言すれば、利己的行動が是認される社会的枠組みの構築が一つのポイントとなってくるように思われます。

利己的行動が是認される社会的枠組みの構築とは、法治国家の理論的・実践的正当性を確認することになります。なぜなら、法制度の確立は個々人の欲望の無限追求を抑制するように、個々人に要求することですし、また同時に彼らの社会的存在を保障するものとなるからです。ここに契約概念の重要性が想起されます。しかしながら、社会的存在とはいいながら、人間個人は自らのエゴをいつでも押し通そうとする生き物です。本当に「契約」の考え方だけで社会の成立過程を捉えてもいいのかという疑問もわいてくるところです。個としての人間本性がなぜ社会を求めるのか。ここからスタートすることによって近代市民社会を考察していきたいと思います。

1 近代の最新機器としての「時計」——シンデレラの時計を例として

皆さんは近代で時計が果たした役割をご存じでしょうか。時計といっても日時計や砂時計、水時計を思い出す人もいるかと思いますが、ここでは機械時計のお話を、とくに角山栄氏の『時計の社会史』から要旨を拾い上げる形で進めていくことが「近代」理解には欠かせないと考えます。

角山氏はシンデレラの時計の話から同書を始めています。この物語が書かれたのは17世紀後期ですが、私達は子供の頃からよく耳にしたり、あるいはアニメで目にしているストーリーではないでしょうか。継母にいじめられていた灰かぶりの少女が仙女の魔法によってドレスアップして宮廷の舞踏会に行き、仙女との約束の時間を忘れたがために、ガラスの靴を片方置き去りにして、その結果として最終的に王子様と結ばれるというお話でした（話の大筋は、これ以上いわなくてもいいでしょう）。

まず、ペロー童話集から忠実に舞踏会の１日目と２日目の時刻に関わる箇所をみておきましょう。

１日目の記述は次のとおりです。

「こうしておしゃべりをしているうちに、11時45分の時を打つ音が聞こえてきました。サンドリヨンはすぐに一同に丁寧なお辞儀をして、できるだけ急いで出ていきました。」

次に、２日目の記述です。

「まだ、11時になってもいないと思っているときに、12時を打つ最初の音が聞こえてきました。サンドリヨンは立ち上がると、まるで牝鹿のような身軽さで逃げ出します。王子は後を追いますが、間に合いません。」

ここで角山氏と同様な疑問をもった人もいるはずです。なぜ時計が11時45分に時を告げているのかということと、この時計はどこに設置されているかということです。さらに、機械時計の誕生とその進歩を知らなければ、シンデレラの話のなかに隠された「近代」を私達は理解するのが困難であるといえましょう。

ヨーロッパで最初に機械時計が出現したのは13世紀末であり、その誕生の場は修道院であったといわれています。ではなぜ修道院にそのような人工的に時を告げる機械が必要だったのかといいますと、彼ら修道僧は神に仕える身です。彼らには昼夜の一定時刻に神に祈りを捧げるという務めがあったわけです。ですから、日々の生活のなかで聖書研究やあるときは野良仕事に精を出しているときに、客観的に祈りの時間を知らせてくれるシステムを必要としたのです。まさに機械時計の誕生は宗教的必要性から生まれたということになります。その後、14世紀の中頃、教会の時計が公用時計として市民の前に現れることになります。15世紀から16世紀になると教会の塔や市庁舎の塔に据え付けられ、時計は1時間ごとに等間隔で時を告げていたのです。この社会環境の変化が、よくいわれるように新しい時間概念の創出をもたらしたといわれるところです。すなわち、不定時法から定時法への変化です。

私達は季節の経験からもわかるように、例えば夏と冬の日の出や日没の時刻が大きく違うことを知っています。そのことは1日の仕事に従事する人達のことを考えれば自ずと察しはつくはずです。つまり、夏は日中が長く、冬は短くなります（私の経験からヨーロッパのより緯度の高い地域——例えばスコットランド——などでは夏になると真夜中の12時まで明るく、真冬は午後3時半頃には暗くなり朝9時を過ぎないと太陽が顔を出しません）。すなわち、同じ1日でも自然とともに生活をするスタイル＝不定時法から機械時計が作り出す人工的で均一な単位時間＝定時法への転換が私達の生活を大きく変えていったのです。

それまでの人々の生活時間は自然とともにあり、農業はまさにその典型であったといえるでしょう。また、職人においても1日に何個製造しなければならないという時間的制約＝ノルマに捕らわれず、自らの納得いく商品を作成し、その商品はその出来ばえに応じて価格交渉が行われるのがつねだったのです。定時法の普及は、よくいわれているように、当時の新興都市の市民階層の意識に合致しました。例えば、商取引のアポイントメント、職人の労働時間の取り決め、さらには貨幣と同じように時間が価値をもつという利子――本来、時間を売るという行為は神を冒涜するものとして宗教社会においては禁止されていました――の問題も明確に商業活動として意識されていきます。このように私達の現代経済社会の時間概念はこのときからスタートしたといえるでしょう。ですから、皆さんがアルバイトですぐに時給計算をし、その労働の質を問うという行為も機械時計の出現が関わっているということです。およそ700年前に私達は機械が提示する時間に拘束されることによって、また共通の時間をもつことによって、現代社会の進展を、秩序ある組織的な社会構造を構築できたといっても過言ではないでしょう。

さて、角山氏のシンデレラの時計の疑問を確認しておきます。シンデレラの時計はなぜ11時45分に時を告げたのでしょうか。当時の時計、とくに公共時計は1時間ごとに鐘を鳴らしていたはずです。また、どうしてシンデレラは身近で正確な時刻を知ることができたのでしょうか。角山氏は次のことを突き止めたそうです。16世紀から17世紀初めの時計は針が1本で、5分の間隔――現代でいえば、例えば、短針の示す1時と2時の間――のなかに15分間隔を示す簡単な印がついており、その間隔で時を告げることによって現在の短針の役目をしていたそうです。では、その時計本体はどのようなものであったかというと、当然、非常に高価な代物であり、その時代に時計を所有するということは一般市民では困難であり、唯一王侯、貴族が自らのステイタスとして金銀や宝石を散りばめられた豪華な置き時計をこれ見よがしに――例えば、宮廷のホールなどに――飾っていたわけです。

機械時計が登場する近代の書物を角山氏は自著で紹介しています。一つ顕著なものを挙げるとすれば、スウィフトの『ガリヴァー旅行記』(1726)のリリパット国での懐中時計があります。この懐中時計は、当時の海上覇権と貿易という政治と経済の関わりを象徴するものとして語られるところです。そのほかにも、機械時計はマンデヴィルの『蜂の寓話』のなかで、分業の一例として時計工場が記されている箇所があります。後にマンデヴィルについては詳しく述べたいと思います。そして、近代市民社会の幕開けの思想家としてこれから扱うホッブズの『リヴァイアサン』(1651) にも機械時計はその著書の序説に重要な役割をもって登場します。

私達がこの高度情報化社会で最新鋭の機器——パソコン、携帯電話等々——を手にするように、またそれを様々に話題にするように、例えば、小説のタイトルにしてみたり、社会学の研究者はもとより、多くの著述家においても研究対象となり、自らの表現媒体となるように、近代にあっては時間概念を変革した機械時計がいかに衝撃的であったかは当時の作家・思想家の著書中の使用頻度をみれば一目瞭然でしょう。実に機械時計の進歩と普及は、画一的共通時間を創造することによって、人間に効率性と合理性の感覚を養わせ、社会的秩序と契約概念を導出したといえるのではないでしょうか。

8講　ホッブズ（1588—1679）

1　機械時計とホッブズ

ホッブズの著書『リヴァイアサン』は、近代市民社会を考察するのに欠かせない存在です。しかしながら、どうも私達は固定観念として彼を社会契約の祖としながらも、国家的絶対主権を唱えた政治思想家としてしかみていないような気がします。ここではもう少し視野を広げ、彼の捉えた人間本性とそこから必然的に生まれてくる国家・社会の原像を簡明に繙いていきたいと思います。

私が本格的に上記の書物を読んだのは恥ずかしい話ですが、大学院修士課程でのことです。その時代は院生の数が少なく、ある先生とマンツーマンで講義が行われました。その先生の専門分野は哲学だったのですが、その哲学的精読が前述の機械時計理解の発端であったのです。先にも述べたとおり、ホッブズの当該書の序説の冒頭箇所に次のように「時計」は姿を現します。

「自然（神がそれによってこの世界を作ったし、それによってこの世界を統治している、その技術）は、人間の技術によって、他の多くのものごとにおいてのように、人工的動物を作りうるということにおいても、模倣される。すなわち、生命は四肢の運動にほかならず、その運動のはじまりが、内部のある主要な部分にある、ということをみれば、すべての自動機械Automata（時計がそうするように発条と車で自ら動く機関）が、人工の生命をもっていると、我々が言ってはいけないわけがあろうか。」

（下線は引用者）

上記の「時計（watch）」で次のようにその先生は私に質問されたのです。「どうしてここに時計が登場してくるのでしょうね」。私は答えました。「時計と人間と国家を類比的に考察する道具立てとして使用されています」と。すると、先生は、「では当時、時計はどのような社会的背景をもっていたのでしょうね」と続けられたのです。当時のフランスで著名なデカルトの動物機械説等、また後年のラ・メトリの『人間機械論』（1747）においても顕著に生理学的唯物論の存在を知っているだけで、時計と機械論とを同じ地平で私はみていなかったのです。言葉のもつ歴史的含意性とでもいうのでしょうか。私は思想＝著書の言語だけを、すなわちその表層だけを掴まえてわかった気でいたのです。

2 なぜ「リヴァイアサン」なのか？

周知のとおり、ホッブズは、自然状態においては個々人は相互に力の無限追求から闘争状態に陥ることになるので、各人の合意により自然権を相互同時的に破棄することで、代表人格としての国家＝コモン・ウエルス、すなわち「リヴァイアサン」を個々人の上に構築し、それが絶対的主権を握ることを主張していました。

では、なぜ国家あるいはコモン・ウエルスを「リヴァイアサン」という表題として彼は掲げたのでしょうか。この疑問には彼自ら同名の著書の第2部第28章の最後の段落で次のように述べています。

「私はこれまで、人間（彼の高慢〔pride〕およびその他の諸感情が、彼を強制して、自らコモン・ウエルスに服従させた）の本性を、彼の統治者の大きな力とともに述べてきた。後者を私は、リヴァイアサンに比し、その比較をヨブ記第四十一章の最後の二節からとってきた。そこにおいて神は、リヴァイアサンの大きな力を述べて、彼を高慢の王と呼んでいる。

『地上には彼と比較されるべきなにものもない、彼は恐れをもたないように造られている、彼はすべての高いものを見下し、あらゆる高慢の子たちの王である』と神はいう。」（下線は引用者）

ホッブズが、このように国家＝コモン・ウエルスを「高慢の子の王」＝リヴァイアサンと呼んだ意味は、それを人間という地上における高慢ちきな、より世俗的現代的にいえばジコチュウ（＝自己中心的）な生物の上に立つもの、彼らを統治するものとしての存在として捉えていたということがわかるでしょう。まさに自然状態においては、野放図にしていれば当然の帰結として各人の傲慢さがぶつかり合い、闘争状態は避けられない。その状況の打開策としての国家のあり方が問われていくのです。

再び同書の序説に戻り、機械時計と人間、人間と国家の類比を眺めてみます。まずは、時計と人間の類比過程の記述です。「心臓はなにかといえば、ひとつの発条にほかならず、神経はといえば、それだけの数の紐にほかならず、そして関節は、それだけの数の歯車にほかならず、これらが全身体に、製作者によって意図されたとおりの運動を与える」。ホッブズはこの記述のあと、自然の創造者が自らの作品である人間を造ったように、人間は自然の技術を模倣し、人間は人工的人間としての国家を創造するとして、国家を人間と照応しながら次のようにいうのです。

「その中で、主権は全身体に生命と運動を与えるのだから、人工の魂であって、為政者たちとその他の司法と行政の役人たちは、人工の関節である。賞罰（それによって主権の地位に結び付けられて、それぞれの関節と四肢は自己の義務を遂行するために動かされる）は、神経であって、自然の身体においてと、同じことをする。」

さらに、国家のなかで起こる様々な症状を紹介しておくと次のような叙述があります。「公正と諸法律は、人工の理性と意志であり、和合は健康、騒乱は病気で、内乱は死である」。当然、このように国家の機能と症状を人間との照応関係のなかで捉えていく分析視角をホッブズが示し得たのは、彼自らの遭遇した時代環境と関係がありますので、多少なりとも私達は彼の時代背景をみておかなければなりません。

ホッブズが生まれたのは1588年で、イギリスがスペインの無敵艦隊を破った年です。そして彼は自伝において「母は大きな恐怖をはらんで私と恐怖との双生児を生んだ」と述べています。彼は16世紀末から17世紀のほとんど、すなわちイギリスの激動の世紀――ピューリタン革命、王政復古等々――を実際に体験したことになります。イギリスという国家のまさに内乱の時代だったといっても過言ではないでしょう。国家の内乱は、先にホッブズが指摘しているとおり、それ自体＝国家にとっての「死」なのです。

ホッブズの国家論の課題は主権論にあるといわれています。なぜなら、国王と議会との間の主権争いが内乱に発展し、自国の政治的状況は悲惨な様相を呈していたからです。双方の主権奪取の醜い争い、身の安全をも保障されず置いていかれる国民。その現状に対するホッブズの問いは、一国家のなかで「誰が主権者であるか」ではなく、「なぜ主権が必要であるか」というところに帰着するものでした。権力闘争に翻弄される国民の安全保障、換言すれば、国民の権利と自由を確保するためには何が必要かということです。

国家において「内乱は死である」と例えたように、生活をしている人間において「死」は忌避されるものであるならば、国家にとっても内乱は回避されるべきものであることは明白です。国家の死は同時に国民個人の死に直結するとホッブズが思いを巡らしたのは明らかだといえます。人々が安全に平和に暮らしていくためには、別言すれば、「高慢の子」としての人々がどのような状況に置かれたとき、共同体＝国家の一員として平和で、安心して生活できる環境を獲得できるのかといえば、「高慢の子の王」すなわち国民個々人のうえに立つ力（わがままな個々人を統治する力）＝主権がどうしても必要となるということをホッブズは主張したかったのです。

同書序説で、人工的人間の本性分析をするにあたり、「第一に、それの素材と製作者、それらはともに人間である」ことを指摘し、本章第１部は「人間について」の考察から筆が運ばれています。ホッブズの、次に挙げる叙述が人間の能力への近代的性格をもっているものと思われるし、次の事項での人間本性分析への手助けになると思われます。

「すなわち、あるひとりの人間の諸思考と諸情念が、他のひとりの人間の諸思考と諸情念に類似しているために、誰でも自分のなかを見つめて、自分が思考し判断し希望し恐怖し等々するときに、何をするか、それはどういう根拠によってかを、考察するならば、彼はそうすることによって、同様な場合における他のすべての人々の諸思考と諸情念がどういうものであるかを、読み、知るであろう。」

3 「人々は生まれながら平等である」とは？

「人々は生まれながら平等である」という記述は、同書第1部第13章「人類の至福と悲惨に関する彼らの自然状態について」の冒頭で確認できます。前項の最後で、ホッブズは「人間の諸思考と諸情念」の類似性を述べていました。さらに、当該章の冒頭の書き出しは次のように始まります。

「自然は人々を、心身の諸能力において平等につくったのであり、その程度は、ある人が他の人よりも肉体において明らかに強いとか、精神の動きが早いとかいうことが、時々見られるにしても、すべてを一緒にして考えれば、人と人との違いは、ある人がその違いに基づいて、他人が彼と同様には主張してはならないような便益を、主張できるほど顕著なものではない、というほどなのである。」

私達がすでに概観したように、ルネサンス期におけるマキアヴェリの人間把握においては、君主すなわちヴィルトゥ（＝能力）をもつ者と民衆すなわちヴィルトゥをもたざる者の相違は明白でした。このような能力区分においては、人間は当然のことながら支配する者とされる者との階級差別となって表現されていたことになります。その点、ホッブズの人間像は明確に「心身の諸能力において平等」と述べられている以上、互いの権利、主張も同等な位置づけにあると理解できます。彼の、自然状態を仮想することによって、いったん、ヒエラルヒーを捨象したところから議論を進めていくという手法こそが近代人の設定として、多くの後代の研究者が指摘するところです。

さて、ホッブズの論考に従って、自然状態での諸能力において平等な人間を追跡してみましょう。

ホッブズの次の指摘は私達に、なぜ私達が「高慢の子」であるのかを納得させてくれます。

「おおくの人が自分より知力や雄弁や学識が優れていることを、いくら認めることができても、自分たちと同じく賢明なものが多くいることは、なかなか信じたがらないのが、人間の本性なのだ。」

この叙述から、アダム・スミスの「高慢の本能」の議論も想起されるところです。スミスのこの論究は『道徳感情論』第6版第6部の自己規制論の枠組のなかの自己評価の項目で登場してくるものです。詳細は後に譲るとして、スミスのホッブズ的な表現を次に示しておきましょう。「高慢の本能によって、彼ら（決して白痴と考えられていない多くの人物）は自分たちを、年齢と境遇において自分たちと同等な人々と、同じ水準に置く。そして、勇気と不動性によって、彼らの仲間の間で、彼らの適切な地位を維持するのである」。このスミスの言説は確かに人間の本性としての「高慢の本能」を言い表していますが、ホッブズと異なるところは、スミスは『道徳感情論』のそれを「同感の原理」を用いることによって、社会の成立過程と展開から捉えていることです（当然、商業社会の発達を射程に入れた議論を積み重ねないといけませんが。後に触れます）。

ホッブズの自然法に繋がる議論をもう少しみていきましょう。

彼は、能力の平等から、希望の平等が生まれるとしました。そして、財の希少性——ホッブズには生産力の発想がありません——から、同じ財を欲しがる者達が互いに敵となることを示しています。この過程で人間には自己保存の本能が働き、「彼らの目的への途上において、互いに相手を滅ぼすか屈服させるかしようと努力する」とホッブズはいいます。さらに、互いに希少な財あるいは欲望を満足させるために、同一の目的を目指そうとする相手に対して不信感を人間はもちます。そのことが、相手が動くあるいは奪取しようとする前に自らが先手を打つことを促すのです。では、その先手の行使はどこまでおよぶのかというと、「出来る限りすべての人の人格を、出来るだけ長く支配する」ところまでいくのです。有名なホッブズの言葉を次に挙げましょう。

「人々が、彼らすべてを威圧しておく共通の権力なしに、生活しているときには、彼らは戦争と呼ばれる状態にあり、そういう戦争は、各人の各人に対する戦争である、ということである。」

「各人の各人に対する戦争」状態は、ホッブズが指摘するように、多くの諸不便を人間に強いるわけです。戦争の時代の帰結として次のようなものを挙げます。勤労のための余地、航海、輸入されうる諸財貨の使用、便利な建築物、移動の道具、知識、時間の計算、学芸、文字、そして社会もない状態。これらに付加して、ホッブズは人間のそのような状態での生活風景が、「継続的な恐怖と暴力による死の危険があり、それで人間の生活は、孤独で貧しく、辛く残忍で短い」ことを明らかにします。では、その状況にある人間は先に示された諸感情の類似性からどのようなことを感じるのでしょうか。それがホッブズの人間本性把握の社会――国家――設立の、別言すれば、各人の傲慢性（＝ジコチュウ）を抑制する道を導くのです。ただし、ホッブズが次のように自然状態のなかでの人間の欲望充足における行為を規定していたのも事実です。「人間の諸意欲およびその他の諸情念は、それら自体では罪ではない」。さらに、人間の諸欲求や諸行為の結果生じる事態が罰せられない根拠として、「共通の権力がないところには、法はなく、法がないところには、不正はない」ともしています。

4　自然法の認識の仕方

ホッブズは先に示したように、自然状態においては、人間の置かれる環境には「継続的な恐怖と暴力による死の危険」が存在するとしていました。

そのような状況下で、私達人間はどのような感情をもつのでしょうか。その状況下には、共通の権力も法もないのであれば、自らの身体を維持していくために闘争のない状況＝平和を私達人間が欲するのも自然な成り行きではないでしょうか。ホッブズは当該章の最後の段落を次のように書き出しています。

「人々を平和にむかわせる諸感情は、死への恐怖であり、快適な生活に必要なものごとに対する意欲であり、それらを彼の勤労によって獲得する希望である。」

上記のように、私達人間は、ホッブズによると、同じように自然状態における状況からの打破あるいは移行をまずは欲しているということになります。私達は経験によって、状況の改善を求めるのです。さらに、ホッブズはその諸情念の指向性——快適な生活と勤労の成果の確実な享受への願い——が、理性を働かせる旨、論を展開していきます。

第14章は、政治哲学や政治思想ではあまりにも有名な自然法議論の箇所——タイトル「第一と第二の自然法について、および契約について」——です。自然の権利と自由の定義が連続して述べられます。やはり、彼の当該章冒頭の叙述を以下に紹介しておきます。

「自然の権利とは、各人が、彼自身の自然すなわち彼自身の生命を維持するために、彼自身の意志するとおりに、彼自身の力を使用することについて、各人がもっている自由であり、従って、彼自身の判断力と理性において、彼がそれに対する最適の手段と考えるであろうような、どんなことでもおこなう自由である。」

ホッブズによると、私達人間は闘争状態では、自らの敵に対して自らの生命を維持するという最優先事項の遂行のために「自然の権利」行使の存続をすることになり、生命を中断される死への恐怖と危険性は排除できないのです。しかしながら、ホッブズは、法について次のような認識——すでに現代社会では周知のことですが——を披露します。「権利は、行ったり差し控えたりすることの自由に存し、それに対して法は、それらのうちのどちらかに、決定し拘束するのである」と。私達はホッブズの自然法発見の現場に立つことになります。「自然法とは理性によって発見された戒律すなわち一般法則」なのである、と。私達は「諸感情の類似性」をもっています。さらに、その諸感情をもつこと、すなわち経験＝環境の現状把握から、自らもっている能力である理性を働かせることにより、その結果として自然法の存在を認識することになります。ホッブズの提示した「自然法」の第１と第２を次にみておきます。

「各人は、平和を獲得する希望があるかぎり、それにむかって努力するべきであり、そして、彼がそれを獲得できないときには、彼は戦争のあらゆる援助と利点を求めかつ利用していい。」

「人は、平和と自己防衛のために彼が必要だと思うかぎり、他の人々もまたそうである場合には、すべてのものに対するこの権利（＝自然の権利）を進んで捨てるべきであり、他の人々に対しては、彼らが彼自身に対してもつことを彼が許すであろうのと同じ大きさの自由をもつことで満足すべきである。」

このように自然法は、自らの感情と理性により、気づき、認識することによって相互に自然権を放棄・抑制することで、共通の権力と共通の法というシステム＝国家の必要性と建設へと人間を促していくのです。

簡単にホッブズの自然法認識への道筋を示しておきましょう。

ホッブズは人間の能力が平等であるという視点から、当然のごとく自然の権利も平等であるということを射程に置いたうえで、私達人間がかぎられた財を奪い合うという自然状態＝闘争状態を彼は想定し得た、といえましょう。人間は同じ能力をもっています。すなわち類似する諸感情と諸思考——思考することは「理性」を前提しているといっても過言ではないでしょう——をもっているからこそ社会状態＝平和を指向するのです。

上述のようにすっきりした形でまとめてしまうと、見失われてしまうのが「自己の生命の維持」＝自己保存のホッブズの哲学ではないでしょうか。おおよそ、これまで皆さんが「抵抗権」と聞くとロックを想起されるのがつねであると思われますが、ホッブズの第１の自然法が提示しているのは、紛れもなく「抵抗権」であるといえましょう。既存の国家が国民個々人の生命を脅かすときは、明確にホッブズは「戦争のあらゆる援助と利点を求めかつ利用していい」と強調しているのです。ホッブズが決して絶対的国家主権のみを主張した政治思想家でなかったことは確かです。

9講　ロック（1632—1704）

ロックといえば、ホッブズに次ぐ社会契約論の中心的政治思想家という位置づけが定番になっているといえます。ですから、ロック自身は、そのほかに哲学論、教育論、宗教論、経済論等々の様々な領域の議論を行っているとはいえ、やはり、『市民政府論』の著者としての名声が私達の耳に届いているのではないでしょうか。その点では、ロックがホッブズと同様にイギリス社会の激動期を一身に体感したというところから、ロックの政治的考察について私達の関心もそれだけ高くなるといえましょう。また、私達は、名誉革命後に姿を現した近代市民社会こそが、またその理念こそがロックの功績であると考えています。

しかしながら、それだけでは、ロックの思想を理解できたということにはならないでしょう。となれば、やはり私達は彼の人物像を簡略に素描しておいた方が賢明といえましょう。それによって、イギリスという土壌で経験論哲学が開花したことと、その後、彼の教え子であるシャフツベリの道徳感覚学派さらにスコットランド啓蒙思想（ハチスン、ヒューム、スミス）への大きな潮流の源泉としての意味をより理解しやすくなると考えます。

1　ロックという人

ロックの家は祖父の代まで商工業者でしたが、彼の父は家業を捨て弁護士になった人です。彼はピューリタニズムの家庭環境のなかで幼年期を過ごしましたが、ウエストミンスター・スクール時代に学校長バズビの影響を受け、宗教的非寛容とその熱狂を忌み嫌っていたといわれています。オックスフォードに入ると、友人のシドナムから近代的実証医学を学び、その観察と実験の経験的手法を自らのものにしました。また、この時期に医者として出会ったのが、先に述べた彼の教え子の祖父にあたるアンソニ・アシュリ・クーパー（後の初代シャフツベリ伯）です。初代シャフツベリ伯の命を救ったことから、生々しい政治の世界とロックが遭遇することになったのです。初代シャフツベリ伯の反王抗争に巻き込まれ、ロック自身が一時期オランダに亡命をしていた事実もあります。この政治社会との関係から、ロックの近代市民社会の理論が構想されたことは間違いないところです。さらに、もう一つ彼の経歴で忘れてならないのが、1694年にイングランド銀行創設の折に委員として参加しているということです。

このようにあまりにも大雑把にロックの人生の断片をみただけでも、彼の次の著書が思い出されるでしょう。例えば、『寛容についての書簡』、『市民政府論』、『人間知性論』、『教育に関する考察』、『利子・貨幣論』 等です。このタイトルからすぐに私達が気づくことはロックが人文・社会科学的領域のすべてを見渡していたことです。例えば、ホッブズの場合、確かに多くの人間論や情念論などの哲学系の領域と、先に考察した『リヴァイアサン』は政治系（宗教的議論もそのなかに含まれますが）の領域をカバーしていますが、ロックの場合、それに加えて、隆盛期にあったブルジョアジーの存在、すなわち中産階級の商業活動から現実のものとなっていく生産性の概念の認識が明確に意識されていました。こうなれば、私達の現代経済社会が抱えているあらゆる分野へのアプローチができるステージにロックが立っていたことは間違いありません。その点では個人の能力の平等性という近代には欠かせない要素に生産性という商業社会発展の要素を付け加えて、なおかつ安定的政治社会への理念構築とその実現性への道筋がロックによって私達の前に提示されたということがいえるでしょう。

この後、少し深くロックの思想を捉えるうえで、ホッブズとの経験哲学の類似性を探りながら、彼の近代政治社会思想との関わりを眺めていきたいと思います。

2 『自然法論』(1664) はロック思想の核である

皆さんのなかにはロックの『自然法論』って何、という方がもしかすると多いかもしれません。確かに知名度という点ではあまりないかもしれませんが、ロックの鍵を握る重要な書物であることは確かです。ではどのような重要性をもっているかというと、先に挙げた彼の著書の基本的内容を含んでおり、とくに『人間知性論』、『市民政府論』の両著書のそれぞれの領域、例えば、認識論的人間本性分析理解への、また、自由な個人＝市民と政治社会の考察手法のあり方と自然法論の議論の基本概念の同一性を共有しています。

これから同書の内容を概観することにします。

『自然法論』は八つの論文から成っています。また、この書物は研究者によっては初期ロックの思想であり、『市民政府論』を論じる後期ロック思想との相違を指摘された時期がありましたが、今日では基本的に上記に挙げた基本概念の同一性を指摘する意見が的を得ていると私自身考えます。

さて、ではなぜ上記のように初期と後期にロックの思想を区分して考える着想が出てきたかというと、執筆年代が、すなわち1660年の王政復古後の時期に当たるからです。確かに『自然法論』には、そのように王政への肯定的議論ともとれる箇所があることも事実です。その辺りも含めて、まずは自然法認識へのアプローチをみていくところから始めましょう。考察の展開上、ロックの示した論文の順序どおりに取り上げていないことをご了承ください。

自然法の拘束力に関係する論文のタイトルは次の三つです。第1論文のタイトルは、「道徳法または自然法は我々に与えられているか」、第6論文のそれは、「人間は自然法で拘束されるか」、さらに、第7論文のそれは、「自然法の拘束力は普遍的で永遠であるか」です。これらの論文の骨子はおおよそ次のようなことです。世界は神によって秩序付けられています。人間はあらゆる点で自然法に服従し、義務としてそれに服従すべき責任があります。そして、自然法の拘束力はすべてのところで同一です。このことは全体の秩序維持という性格をもった自然法であり、個人の自然的権利や私的利益への考慮はなく、第8論文のタイトルに次のように続いていきます。第8論文では、「各人の私的利益は自然法の基礎であるか」と尋ねています。それに対して、ロックは共通善の観点から認めていないのです。これらの議論から、先程みたように、これは王政復古後の政治的基盤への是認と理解されても仕方のないところでしょう。私的利益の追求は取りも直さず自然権と受け取れるし、その放任はまさしくホッブズが述べていた戦争状態を現出するであろうことはロックも認識していたといえましょう。

さらに、『市民政府論』で論じられていた個人の自由と所有の問題からは想像できない論文タイトルの否定的発言を私達はみることになります。それは第5論文のタイトルにあり、「民の声は神の声であるか」と題されていますが、それに対して「否」を回答としてロックは述べるのです。簡潔に初期ロック思想を肯定する立場に立てば、この拒否回答は人民の革命権＝抵抗権を否定しているとさえ受け取れます。とはいえ、少し付言しておきますと、ロックは頭からそれを否定しているのではなく、革命が秩序を破壊するかぎりにおいて主張をしているのです。そして、次の辛口の発言も私達は受け入れておかなければいけないでしょう。それは、「人間の合意のうちに理性の教えや自然の掟を求めても無駄だ」という発言です。ロックは狂信的な革命を経験したからこそ、人間の合意のなかに明確な「理性の教えや自然掟」を見出そうとしても無意味なことをいおうとしているのです。では、どうすれば人間は自然の掟＝自然法を知り得るのでしょうか。

ここで、これまでに触れていない論文をみていきます。

まず、第２論文では、「自然法は自然の光によって知りうるか」とロックは自ら問いを発し、是認します。この「自然の光」という語句は当時よく使われた表現です。では、何のことを指しているかというと、私達の生まれもった諸能力のことをいっているのです。諸感情や理性のことです。ここでロックは、人間が自らの諸能力をもち得ることによって、自然の諸法の知覚と認識ができることを述べているといえましょう。それは啓示的自然法認識への批判であり、自然法は権威的聖職者のみがその内実を知り得、臣民や市民に命令や説教という形で授けられるものや王権神授説ではないことを指摘しているといえましょう。個々人が自らの諸能力を育成・行使・発揮することにより自然法は自らの理解できるものとなるのです。

次の第３論文では、『人間知性論』を彷彿させるタイトルとなっています。それは「自然法は人間の心の内に刻み込まれているか」というものです。これは、あらかじめ人間のうちに自然法は与えられていないこと、『人間知性論』第１巻第４章の生得観念の批判にあたるところで、本当にそのように生得観念や生得の法があるとすれば、生まれたばかりの子供に明確な観念があるはずですが、そのようなことは起こりえないとロックは指摘しています。また、次のように述べることで、経験と観察の重要性を指摘しています。

「子供たちは経験すなわち子供たちの前に現れる事物の観察が子供たちにあてがうもの以上あるいはそれ以外を得ないこと、これは誰でも看取できよう。これで私達は、観念が心に捺印された本源的刻印でないことを十分に得心できよう。」

そして、第４論文が次の問いを投げ掛けることによって、自然法認識の手法を明らかに示すことになります。それは、「理性は感覚・経験によって自然法の知識に到達することができるか」ということです。ここで先の「自然の光」に相当する語句は私達に授けられている諸能力としての「理性」と「感覚」であり、それが経験（観察という行為も含みます）を通じて知覚から認識へ、さらにその知識の獲得へと繋がることをロックは述べています。ロックは、世界は感覚で掴まれる経験的対象であること、また経験で得られた素材に基づいて理性が知識を構成・判断する旨、論じています。ここで先の『人間知性論』の同じ箇所から同様の叙述を一つ挙げておきましょう。

「神は人間に、知るという人間のもつ諸機能を授けたもうたのであるので、その慈愛によって人間の心にいろいろな思念を植えつけるには及ばなかったのであり、それはちょうど、人間に理知と手と材料とを与えたのであるから、橋や家を人間に作りたまわなかったのと同じである。」

人間は、自らの諸能力を働かせることで初めて、自然法を認識することができるのです。

以上のことから、もう一度、前に触れたほかの論文に言及しておきましょう。とくに第５論文の「民の声は神の声であるか」が一つのポイントを握っているのではないでしょうか。つまり、「民」とは本当に自らの授けられた諸能力を経験とともに使っているような人間＝個人であるかが問題なのです。ある宗教的熱狂や権力・党派争いに血道をあげているとすれば、真にロックが求めるところの人間個人とはいえなくなってしまいます。自然法を知るということは、第４論文が示しているところです。となれば、その他の第６、第７論文の解釈も異なってきます。自然法はロックの説く自律した人間となって初めて知り得るし、自然法の存在を自ら認識することから共同体・社会構築への重要性とその試みを私達に説くといえます。ならば、『自然法論』は端的にいえば、自律した人間の自然法認識のあり方を示した書といっても差し支えはないでしょうし、これから概観しようとするロックの二著——『市民政府論』と『人間知性論』——の礎石となっているといえます。

3　『市民政府論』と『人間知性論』のなかの人間の能力

ここでは、前項までに確認してきた人間の諸能力——すなわち感覚と理性、さらに経験と観察という行為も含めなくてはならないと考えられますが——が、ほかの二著のなかでどのように扱われているか、あるいは、どのような語句に置き換わって各々の書物のなかでどのような役割を負っているかをわずかなりともみていきたいと思います。

1　『市民政府論』では

『市民政府論』は通常、『市民政府二論』といって、前半がフィルマーの王権神授説への批判に充てられ、後半がお馴染みのロックの社会契約論——政治社会の成立と個人の権利問題——の項目です。ここでは、当然、後半が考察の対象となります。

ロックは「理性（understanding）」を語る箇所——当該書第6章「父権について」——で次のように、生得観念批判と通じることを表しています。

> 「我々は生まれつき理性をもち、生まれつき自由なのである。ただし、我々が生まれるやいなや現実にこの二つを行使しているのではない。その一方をもたらす年齢は、同時に他方をもたらすのである。」

ロックは次のようにいいます。アダムは神によって完全な人間として造られたのであるから、理性の法の命じるところに従って行動できましたが、彼の子孫である私達人間は自然的な誕生という方法で生まれたので、不完全な状態にいます。よって、理性を使用できるまでは、別言すれば、生まれたばかりであればまったくの無知でいかなる知識や理解力もありません。つまり、理性を用いることのできない子供はその法の下にいないのです。だからこそ、親は「自然法に従って、自分たちの生んだ子供を保育する義務」があるのです（この箇所は、最近の子供に無責任な親の主張する「うちは子供に任せてありますから」とか、「放任主義で育ててます」という発言への批判となるのではないでしょうか)。さらに、ロックは子供に法の存在意義と目的を認識させていくのが親の務めであることを述べて、明確に法の目的を提示します。「法の目的は自由を廃止制限するのではなくして、それを保持拡大することにある」と。その叙述のあとで、理性を「法に従う能力」という言葉に換えて次のように続けます。

「法に従う能力をもっている生物にとっては、どんな場合にも、法のないところ、自由もないのだから。自由とは、他人による制限および暴力から自由であることであるが、それは法のないところにはあり得ない。」

また、理性を「法を知る能力」とも言い換えています。

「人が英国法の下にあるとしよう。何が彼をこの法の下で自由にしたか。すなわちこの法の許す範囲内で、自分自身の意志に従って、自分の行動と財産とを処分する自由をもつようにしたか。その法を知る能力、これである。」

さらに、ロックは、「法を知りその規律に従って生活するだろうと想定される程度の理性」を獲得しなければ真の「自由人」とは成りえないことを強調しています。

このことからも明らかなように、神によって授けられた能力としての理性は感覚から外界の材料を引き入れることにより、そのこと自体が経験と観察の繰り返しという行為をともなうのですが、その前段階があって理性が自然の諸法を知り、認識し、自らの自由を得ようと各々が安心して平和に暮らせる生活環境を私達は求めるのです。

同書で、周知のように、ロックの仮定する自然状態が一種の社会状態であり、平和的な状態を保っているかにみえるのはそのためです。しかしながら、ロックが提示するように、自然法を侵す人間が出現してきたときに共通の上長者をもたない自然状態では、各人が裁判者であり、執行人になるので闘争状態へ多くの人が引き込まれていくことになります。従って、人間は市民政府を自然状態の不都合を解決してくれる適切な救済策として、その設立を承認することとなるのです。「法を知る能力」とは生きていくうえで不都合を知りうる能力であり、「法に従う能力」とは自らの自由を獲得、拡大させるのに最適な環境を構築し、その社会を承認する能力ともいえます。自然法であれ、実定法であれ自らの置かれた状況を変革していくために法の必要性――契約という概念――を「知るという人間のもつ諸機能」に、近代の自律した人間本性と社会形成のあり方をロックはみていたといえないでしょうか。

2 『人間知性論』では

先の項では、すなわち『市民政府論』では人間の理性が法を知り、それに従う能力として理解され、契約社会の形成過程が捉えられましたが、『人間知性論』では、どうも社会形成後の人間本性のあり方が考察されているといえます。

『人間知性論』第2巻第21章「力（power）について」から人間の諸能力について考えてみます。

ロックは私達の心が二つの能力の観念を得るとしたうえで、一方は「何か変化させることができるもの」＝「能動的能力」と、他方は「変化を受けることができるもの」＝「受動的能力」の二つの能力を人間はもっている旨、最初に指摘します。つまり、「能動的能力」とは、ロックによれば、知性と意志であり、「受動的能力」とは、外界からの様々な刺激を知覚する感覚です。とくにロックは「能動的能力」を詳細に論じていきます。

知性は「思考する能力」として、意志は「運動を始めようとする能力」として定義され、後者の能力をロックは重視し、次のように私達は日常的行為のなかで自覚することを示します。

> 「我々はこれこれのある特定の行動をしろとか、するなとか命令する。言い換えれば、言わば号令する、心の思惟ないし選択によるだけで心のいろいろな活動や身体の運動を始めたり抑止したり、続けたり終わらせたりする能力を自分自身のうちに見出す。」

この能動的能力こそが、個人の自由の概念と大いに関係することになります。ロックの自由の観念を次に聞きましょう。

「自由の観念は、ある行動者のうちにある能力、すなわちある特定の行動を行うのと抑止するのとどちらかを他方より選択する心の決定ないし思惟に従って、この行動を行ったり抑止したりする能力の観念なのである。」

これはロック特有の「自由」に対する考え方です。なぜなら、彼は、意志することと自由であることは両立しないと結論づけています。自由であるときには行為選択の可能性を含んでおり、意志するとはすでに選択をしてしまった＝選択の可能性の余地のない状態に移行することから、ロックは自由は意志に属さないと強調するのです。となれば、人間の行動はある必然性＝有意から現出した結果であることになります。

ロックは私達の生活を振り返って、私達が本当の心の自由を得るために取り除かなくてはならないものがあることを次のように述べます。

「意志を決定するものは、一般に想定されているように、眺められた大きいほうの善ではなくて、人間が現在置かれているある落ちつかなさ（しかも大部分はもっとも差し迫った落ちつかなさ）なのである。……この落ちつかなさは、実際呼ばれているとおりに欲望と呼ばれてよい。」

このように、ロックは人間の行為はある落ちつかなさ＝諸々の欲望によって決定されることを指摘した後、なぜ私達がこのような行動におよぶのかを、「幸福へのなくてはならない第一歩として、いつも苦を取り去ること」であると指摘します。ここでも付言しておくとすれば、ロック自身、幸福を心地よさや喜びに、不幸を苦悩と悲しみに置いている関係上、心の快苦が私達の行動の基準となることを述べています。

しかしながら、ロックの次の叙述箇所をみると、人間の能動的能力の力強さ、別言すれば自由を獲得する意志の強さがあり、ただ上述で確認した諸々の欲望に人間は動かされるだけの生き物ではないことを強調しています。

「もっとも大きくてもっとも差し迫った落ちつかなさが意志を次の行動

へ決定するのが自然である。そしてだいたいはそのとおりである。が、いつもそうとは限らない。なぜなら、心は、大部分の場合、経験上明白なように、欲望のあるものの実行・満足を停止する能力をもっており、ひいては、すべての欲望について順々に停止する能力をもっている。」

ロックは上記の「欲望を停止する能力」が、私達を自由にし、自らが善（この場合、彼によれば、個人的快や趣味あるいは利益追求さえも含まれます）だと思われるものを私達個々人が選択すると述べています。例えば、現在ある大学の４年生の男子学生がある女性を愛しているとしましょう。彼は真意を述べれば、彼女とずっと一緒にいたいという欲望が確かに強いはずです。でも将来、彼女に結婚を申し込もうとすると彼はロックのいう「欲望を停止する能力」を働かせることになるでしょう。彼自らが行わなくてはならないこと、すなわち就職活動を優先する方を自らの意志で選び行動に移していくでしょう。私達は確かに日常的に自らの善を求め、多くの選択肢から優先順位を適宜考えるという自由な環境に身を置いています。この社会的環境において初めて、私達個々人は次にロックが指摘する自由を手に入れるといえましょう。

「この世で人々の行う多様な相反する選びは、人々がすべて善を追求するものではないことを証明しはせず、ただ、同じ事物がすべての人にとって同じように善ではないことを証明するのである。こうした追求の多様性は、すべての人が自分の幸福を同じ事物に置かないこと、いいかえれば幸福への道を同じように選ばないことを、明示する。」

人々の幸福への「追求の多様性」というロックの指摘が私達に何を提示しようとしているかといえば、ロックが同書の社会的環境をすでに彼自らが生活している政治社会、そして中産階級の台頭期＝商業社会の進展期に置いていたであろうということです。私達自身も個々人異なった幸福を追い求めていますし、それが可能な安定した社会であり、経済的に豊かな社会であることからもロックの述べる「追求の多様性」が、そのような社会的状況を想定していることは容易に想像がつくことでしょう。まさに、ロックの人間本性考察の先進性あるいは現代性をみることができるかと思います。

「思考する能力」＝「知性」と「運動を始めようとする能力」＝「意志」という私達の諸能力が自らの幸福を求めていく過程を、ロックは当該箇所で示しえたといえます。さらに、私達は多くの差し迫った落ちつかなさ＝不安を取り除くように、あるいは諸々の欲望に支配されそうになりながらも、自らの幸福を追求するために「欲望を停止する能力」をもっているのです。この能力を行使することこそ、私達が真に自由な状態であるといえましょう。もし、目の前の不安が自らの生命に関わる事柄であったならば、例えば、国家が国民の意思に反し、圧政を行おうとすれば、当然のことながら、上記の個々人の幸福の「追求の多様性」が護られる環境は閉ざされるでしょう。そのような状況であれば、私達の不安は自らの自然の権利と自由を擁護できるように、自己の欲望を停止し、抵抗する力を他者との協力のもとに作っていくものといえます。

ロックにとって、これまでの三つの著書はまさにリングのような結び付きをもった関係性を私達に示しているといえましょう。

4　ロックの経済社会観

最後にロックの経済社会観を『市民政府論』のなかからみておきます。ロックの同書は経済学的考察の宝庫であることをここで確認しておきましょう。

次の同書第５章「所有について」の叙述が、人間の生活環境が自然状態から大きく転換するものといっています。

> 「神は世界を共有のものとして与えた。けれども、神はそれを彼らのために、そうして、彼らがそこから生活の最大便益を引き出しえるように与えたのであるから、それがいつまでも共有、未開墾のままであっていいと神が考えていたとは、想像されない。」

神は自然状態においても私達人間が感覚と理性という能力を用いることによって（そのことはすぐに経験と観察という言葉に置き換えられるところですが）、自然状態にも自然法があり、私達人間はその不文の法に従うことを認識して互いの生活を侵害することなく暮らしていたのです。神は自然法を示し、次のように共同して生命を維持することを説いていたのです。それによると、例えば、ある大きなリンゴの木に10個の実がなっていたとしましょう。ある４人家族が今日の食事分として４個その木から取ったとすると、あと６個は別の家族のためにその場に残しておくというのです。このように余分な食物を取らず、それを無駄に腐敗させないという暗黙の了解のようなものを守ることによって、共生が可能となるわけです。

しかしながら、その自然法を脅かす犯則者――すなわち、10個のリンゴはすべて自分のものであるという主張――の出現により、「可能的闘争状態」に私達は放置されることになったのです。このように財の希少性を奪い合うということをロックの発想はすでに抜け出ていたといってもいいでしょう。なぜなら、神は世界を「いつまでも共有、未開墾のままであっていい」と想像していなかったという記述からわかるとおり、人間自らが土地を開墾・改良することによって、あるいは自然へ人間自らが働きかけることによって、より多くの収穫物を獲得できる――生産性の増大――ということを認識していたということになるからです。さらに、能動的に自然に働きかける人間――価値の創造主――とその対象である自然のコントラストは次の叙述からも明らかでしょう。

「すべてのものに、価値の差等を与えるのは実に労働に他ならない。……労働による改良が、価値の大部分を作るものであることは分かるであろう。十分の九は労働の結果である……多くの場合、その百分の九十九までは、まったく労働に帰せられるべきものであることを見出すであろう。」

この引用箇所が次の労働価値論の源泉ともいえるロックの発言となります。

「人は誰でも自分自身の一身については所有権を持っている。……そこで彼が自然が備えそこにそれを残しておいたその状態から取り出すものは何でも、彼が自分の労働をまじえたのであり、そうして彼自身のものである何物かをそれに付け加えたのであって、このようにしてそれは彼の所有となるのである。」

このように、自然を無価値なものとし、一方、労働を価値を創出する行為であり、自らの所有に定着するものとした見方が、経済学の自然破壊という現象を生んだと批判されるところとなります（ロックの時代環境も考慮に入れなくてはなりません)。

まさに、ロックの述べるとおり、労働を定着させたものがその人の私的財産となり、社会の実定法──「国家においては、法が所有権を規律する」──はその私有財産の他者からの侵害を防ぐことが一つの使命となっていったのです。商業社会の進展期──価値の増大──、その社会を担う中産階級の活動の肯定こそが、ロックの経済社会の時代的把握であったことは間違いないでしょう。

10講　シャフツベリ（1671―1713）

シャフツベリ伯、より正確にいえば、第三代シャフツベリ伯は、ロックの項目で簡単にお話したとおり、ロック自身が初代シャフツベリ伯の侍医となったことから、ロックとの関係が必然的に用意されていたといえましょう。また、このシャフツベリこそが啓蒙思想史のうえで、「道徳感覚学派」の祖として後世に名を残すことになるのです。ただし、多くの皆さんが名前を知っている人物ではないことは確かです。そのようなことから、ここでは、最初に簡単にシャフツベリの人物像を紹介し、彼の人間の能力としての「道徳感覚」把握とその社会形成原理を確認していきたいと思います。

1　シャフツベリという人

シャフツベリ家は代々政治家を輩出する家系でした。歴代のなかで特筆すべきは、初代シャフツベリ伯で、彼は革命前にホイッグ党を率いるイギリス政治界の大立物でありました。また、第七代は進歩的な社会改革者として19世紀当時の労働者の置かれた社会的環境を改善するために奔走したトーリー党の議員でした。

さて、この第三代シャフツベリ伯ですが、ロックとの関係は彼の誕生から始まり、幼少の頃からロックの思想や教育的指導を受け、後年にはよき相談相手として２人は終生親交があったのです。1683年に祖父がオランダで客死した後、ロックの管理のもとから彼を両親が離したこともありました。その３年後に、彼は第１回目のヨーロッパ遊学において各国の事情を見聞するとともに、イタリア・ルネサンスの文化に非常に関心をもったのです。彼自身体が丈夫でなく、健康を害することもあり、最終的には彼が愛したイタリアの文化と古代の匂いを感じつつナポリで暮らし、1713年にその地で客死したのです。

シャフツベリ自身も家系上、議員となり、国民の自由や議会のために尽力したといわれています。そのなかで有名な出来事をここで紹介しておきましょう。

当時のイギリスでは反逆罪等の被告には弁護士はつかなかったそうです。この状況を改正し、彼らを擁護する法案の演説でのことです。シャフツベリは壇上に上がったのですが、貧血か何か、あるいは極度の緊張のために倒れ、その後仲間に促されて演説を次のように行ったそうです。

「諸君、私はいま提案中の法案について自分の意見を述べるためにここに立っている。しかし、この私が酷く混乱して自分の提案を述べることができない。そうだとすれば、まったく何の援助もなく、また命を奪われると考えながら自己弁護をしなければならない人は、どういう条件におかれているかわかるだろう。」

この演説のように、シャフツベリは機知に富んでおり、国民の権利確立のために奮闘した人といってもいいでしょう。しかしながら、彼の政界での活動期間は長くなく、健康上の理由から引退し、研究への道を選ぶのです。彼は1698年に政界引退後、オランダへ旅をしました。そこで当時の啓蒙界の著名人——例えば、ピエール・ベールやル・クレール等——にも会っています。この時期に彼は最初の著書である『徳性または価値に関する研究』(1699) を執筆します。その後の著書としては『熱狂について』(1708)、『センスス・コムニス—機知とユーモアの自由についての試論』、『道徳家—哲学的熱狂詩』(1709) 等を著し、これらが1711年に纏められて『人間・生活様式・意見・時代の諸特徴』（以後、『諸特徴』）の出版として結実します。

2　美的感覚と社会像

シャフツベリのいう「道徳感覚」とはいかなるものなのでしょうか。そのあたりから探ることによって、彼の人間本性分析と社会への考察視角を解き明かしてみたいと思います。

シャフツベリは『諸特徴』のなかで、ホッブズ主義的な私的利益追求型の闘争状態を次のように批判します。

「あなたを支配しているものはただ私的利益のみであることを知るだろう。……我々のことは我々自身に任せなさい。幸いにも我々が穏やかにさせられ、こうしておとなしく羊のようになっている高貴な技に委ねなさい。我々の本性が狼であると考えねばならないということは、決して正しくないことである。」

このように彼はホッブズ的な仮想的自然状態における闘争状態を否定します。また、ロック的な、一瞥したところでは平和な自然状態にみえる「可能的闘争状態」とも彼の見解は異なります。ホッブズとロック――彼の師匠ですが――の描いた政治社会、すなわち自らの神によって授けられた諸能力＝感覚と理性を行使し、経験によって自然法の存在とその役割を認識した人々の契約社会――相互的自然権行使という報復を防ぐ社会あるいは私的所有の拡大を容認する社会――とは異なった社会像がシャフツベリにあったことはすぐに理解できるところです。では、シャフツベリの社会像としての「おとなしく羊のようになっている高貴な技」に委ねた社会とはどのようなものかをこれからみていくわけですが、その社会を構成する人間本性について、まず取り上げましょう。

シャフツベリはロックの生得観念批判を反批判するような態度をとります。彼は人間には本来的に美的能力＝美を認識する能力があることを主張します。その「美」の定義ですが、そこに調和と均衡をみます。例えば、我々が富士山を眺めたとしましょう。そのとき、富士という山はカルデラ式の火山ですので、どの角度からあるいはどの位置からみても同じように円錐形の姿をしています。一方、地方にある「〇〇富士」と呼ばれる山々は地方においては威厳を保ち、その雄姿から親しまれていますが、先の本家の富士のように美しい姿はしていないのが事実ではないでしょうか。では、なぜ富士山を美しいと私達は感じるのかというと、やはり均整のとれたその山容にあるものを感じるということになるのではないでしょうか。また、日本の四季において、春の桜を、秋の紅葉を愛でるということはその木々に四季への相応しさという調和という美を感じているといってもいいかもしれません。そのことから、もしかすると日本人はシャフツベリの説く「美的感覚」に頷ける部分をもっているといえます。

ただ、シャフツベリの美を認識する能力としての感覚はそれだけのことではないので、彼の世界観をもう少し理解しておかなくてはいけません。彼は世界、否、宇宙観として非常にストア的な秩序がこの世界を支配し、すべてのものは相互的に依存関係にあるのではなくて、全体とその一部としての関係にあり、そのことが全体を調和ある存在にしていると考えていたのです。例えば、シャフツベリは自ら、牛の群れの１匹の雄牛の存在理由を要旨、次のように説明します。牛の群れがライオンの餌食となるという危険に遭遇したとき、勇敢にも１匹の雄牛がそのライオンに立ち向かっていくことによって、自らが餌食となろうとも群れを救うのである、と。さらに、昆虫の話では、蜘蛛と蠅の例を取り上げ、ぶんぶん飛んでいる蠅は蜘蛛の網にかかることによって餌になるという役割をもっている、と。このように、自然界にはヒエラルヒーがあり、そのなかのそれぞれの生物はその世界の一部を構成していることになります。その構成的調和が秩序を作り出していることを私達は理解できるところではないでしょうか。

この世界観は少々古典的目的論的な思想として認識できるところです。しかしながら、シャフツベリの近代性は、その調和のとれた世界において単に人間を宇宙の一部分としてストア的に認識するに止まらなかったところにあるといっていいでしょう。

「もし、食欲が自然的であるならば、群れをなすこともまた同じである。

もし、どの食欲も感覚も自然的であれば、友情の感覚も同じである。」

これは、自然のなかで一番合理的な生物である人間が、単に全体の一部として漫然と存在する動物ではないことを意味します。まさに人間の個々人が自らの主体性をもち、同じことですが、先の自然的感覚と同様に、それぞれが秩序を知覚、認識する感覚もまたもち併せていることになります。シャフツベリはそれを「正邪の感覚」と呼び、それもまた自然的で、「我々の構成と身体における第一原理」であるとしています。この美的感覚と正邪の感覚を行為主体として人間が内在的に保持することによって、シャフツベリの描く社会像は相互的自発的社会形成の原理からなるものであることに私達は気づかされます。

3 道徳感覚の中身

前項では、簡単に美的感覚と正邪の感覚を確認しましたが、ここではシャフツベリのより強調する「自然的感情」を分析の俎上にのせましょう。

シャフツベリは、感覚の対象であったものが精神に運び込まれることによって、感情の対象となると述べています。そして、自らの行為や様々な感情自体も、私達がそれを反省することによって新しい別種の感情を生み、認識することとなるというのです。では、私達人間はどのような感情をもち、社会を認識しているのでしょうか。

シャフツベリは人間の自然的感情を次の三つに分類します。一つ目は「社会的感情」です。すなわち、「公共善に導く自然的感情」ということです。二つ目は本来的に人間性に備わっている「利己的感情」です。そして三つ目として、「非自然的感情」として有害な感情――相手を悲惨な状態に陥れる感情――を挙げます。ここでまず問題が生ずるとすれば、社会的感情が自らの自然的感情であると同時に私達が利己的感情をもっていることでしょう。素直に考えれば、社会的感情と利己的感情が衝突することとなります。しかしながら、シャフツベリは次のように説くことで、私達人間の上記の感情の共存と関係性を強調するのです。

「私的善また自己的善へ志向する感情がどれほど利己的であると考えられようとも、ほんとうに善と一致し、ある程度これに役立つようであれば、また、種属一般の善について各人がこれを分かち合うべきものであれば、利己的感情は決して悪ではないし、いかなる意味においても非難されるものではない。むしろ、生物の善を構成するのに絶対必要なものとみなされなければならない。なぜかというと、自己保存へと志向する感情のようなものが欠けていて、これが種属に害を及ぼすものであれば、その生物は他の自然的感情を欠いている場合と同じく、自己保存感情を欠いているために、悪であり、非自然的である。」

シャフツベリは上記のように述べ、利己的感情を欠くことが善と自然の誠実さに欠けていることに通じると追記するのです。彼のいうように自然的感情は調和することとなります。利己的感情は公共善を侵さない程度において自己を保存し、私的利益追求もその範囲内では容認されるのです。

私達はシャフツベリが述べる諸感覚や諸感情を自然に備えています。だからこそ社会体系の調和と均衡――公共善――を志向することとなるのです。シャフツベリにとって、私達人間は社会を形成するべくして現在の社会を構築してきたし、それをこれからも保全していく存在となるでしょう。私達の共通にもっている諸感覚・感情が他者の存在を求め、喜びの源泉となることをシャフツベリは次のようにいっています。

「満足や喜びを他者と分かち合う喜びは、またそれらを友情や共同で受け取ることの喜びは、いかに大きなものであるか分かるであろう。……こうした同感の喜びは無限であり、我々の生活全体に広く行き渡っているものである。」

シャフツベリにとって、人間とは、当時の宗教的戒律あるいは啓示的教えに則って生活をする存在ではなく、自らの道徳感覚に基づいて――自らの倫理を築く――行動し、社会を形成する存在であることは明らかです。

4 まとめ

シャフツベリの描く人間本性と社会形成像をこれまでに私達は概観してきましたが、何か物足りなさが残るのはどうしてでしょうか。

確かに、シャフツベリは人間本性として、私達に道徳感覚――モラル・センス――を見出し、私達一人一人が共有する諸感情を結び付け、公共善という社会の調和と均衡――秩序――を志向する社会的感情の有効性を提示したのですが、果たして多くの人々がそのような適正な感情を本来的に自然に育めるでしょうか。

ロックの「法を知る能力」について触れたとき、ロックの主張は明確でした。つまり、子供は生まれたその時から自由ではないという言葉を想起するとすれば、シャフツベリが私達の能力として指摘した本来的に備わっている道徳感覚は少々怪しいものとなるかもしれません。とはいえ、私達は法――契約――が社会を造るという仮想的状況設定とは異なった発想をもって社会形成原理を考える土壌に到達したともいえるのではないでしょうか。当時のイギリス経験的自然法思想の枠組みのなかで、これまでの契約を取り交わす理性的人間像という捉え方から離れて、感覚や感情が人間本性の主役として社会形成原理となり得ることを、シャフツベリは提示したといえるのではないでしょうか。このエポックとなった存在としてのシャフツベリの道徳哲学は、よくいわれているように、イングランドではなく、スコットランド啓蒙思想に多大な影響をその後与えたのです。

一方で、シャフツベリの公共善を志向する社会形成原理の欠点と称されるところは、シャフツベリの社会観があまりにも静的な社会でしかあり得なかったということでしょう。彼の構想する社会に人間はいますが、彼らがその社会で生活をしている形跡を私達は見出せるでしょうか。ロックが認識した商業社会の進展過程での人々の経済活動の考察がまったくといっていいほどシャフツベリの社会分析には見当たりません。生活臭のする人間が社会を形成する。その欠落から、シャフツベリの人間観はしばしばルネサンス的な薫りのする理想的人間像であるといわれる所以です。

私達はそのシャフツベリを激しく批判するマンデヴィルを次の考察の対象としましょう。

11講 マンデヴィル (1670―1733)

マンデヴィルという名前もシャフツベリ同様、皆さんには馴染みのない思想家ではないかと思います。しかしながら、もしかすると近代経済学を学び、ケインズの政策体系を少しでも齧ったことがある人でしたら、マンデヴィルがケインズの有効需要の原理の発想の大元であるという事実――ケインズが自らの著書『雇用・利子および貨幣の一般理論』のなかで開陳しています――を知っているのではないでしょうか。

マンデヴィルは多くの経済学史や社会経済思想等の入門書にもあまり顔を出すことがない思想家ですが、マンデヴィルの研究者であるF．B．ケイが指摘しているとおり、経済思想の分野では重要な位置を占めていることは明白です。ケイは四つの分野を挙げてその重要度を提示しています。利己心の経済的有用性、分業論、自由放任論、奢侈擁護論の四つです。これらの分野を列挙するだけでも彼の経済思想への貢献度が非常に高いことがうかがえるはずです。

さて、私達はマンデヴィルの上記の分野を網羅的に、また深く探ることはできないとはいえ、彼の人間本性の考察とその延長線上にある彼の捉えた当時の現実社会とその経済活動をこれから眺めることで、少しでも彼の実像理解に役立てようと思います。

1　マンデヴィルという人

マンデヴィルという人物は、非常に謎めいているといわれています。一つの肖像画もなく、現在にその姿を伝えるものがありませんが、多くの噂を囁かれることによって、医者でありながら、彼のこれから取り上げる著書の内容によって、非道徳的な大酒飲みのレッテルを貼られたこともある人物です。簡単に彼の経歴を以下で紹介しておきましょう。

フル・ネームはバーナード・マンデヴィルです。元々、彼はオランダの名家の生まれです。彼の父の家系には地方の政治や医学に携わる者が多く、とくに医者を家業としていた家でした。ですから、マンデヴィル自身も自国の、当時では医学分野でもっとも権威のあるライデン大学で医学を修めたのです。彼はその後ロンドンに渡り、イギリス人の妻と家庭をもつことになります。マンデヴィルがいうには、ロンドンという街の気質が自分に合っているというのです。

アダム・スミスの『国富論』第４篇で航海条例の問題が取り上げられている対象国はどこであったか思い出してみましょう。その対象国こそ、17世紀の時点にあってはオランダであったことを私達はすぐに想起できるでしょう。スミスは当時のイングランドは、経済的国力ではオランダに劣っていた旨を示し、「国防は富裕よりもはるかに重要なことであるから、航海条例は、イングランドの全商業法規のなかで、おそらくもっとも賢明なものだといえるだろう」と述べています。その後の歴史が、いつまでもオランダを繁栄の渦中に置いておかなかったことは周知のところです。中継貿易を中心としたオランダ経済は1730年代には崩壊し始め、経済的隆盛は完全にイギリスに取って代わられることになります。また、政治的には３度にわたる英蘭戦争（1652―1674）後、イギリスのオランダへの圧力は強まり、イギリスの警戒心は当然のことながらフランスに向けられていったのです。

このようにオランダの政治と経済は17世紀の隆盛から18世紀へ移行す

る時期で衰退の兆候を示していました。それに引き替え、イギリスはご存じのとおり、その期間に名誉革命を達成し、立憲君主制を採る民主的な政治体制を確立し、植民地貿易を中心とする海外貿易は飛躍的に伸びていった時期でもあります。まさに、イギリスの政治と経済が順調に世界最大の先進国としての足場を固めているそのような時代に、マンデヴィルはイギリスへ生活の場を移したのです。

マンデヴィルはそのようなロンドンの姿を自らの著書『蜂の寓話』序の部分で次のように記述しています。

「いつでも徒歩で動き回らなければならない人々のなかで、通りが普通見られるよりもずっと清潔であればよいと願わない者は、ロンドンにほとんどいないと思う。自分の服や個人的な便益しか考えない間はそうなのである。ところが、彼らを不快にしているものは、その強大な都市の豊饒、激しい往来、富裕といったものから生じているのだ、という考えにひとたびたどり着くと、いやしくもその都市の福祉に関心をもっているなら、通りがもっと清潔であればよいなどと願うことはほとんど無くなるであろう。それもそのはずで、いつも回転しているような無数の商売や手仕事に供給しなければならない各種の材料、ロンドンで毎日消費される多量の食料や飲料や燃料、当然そこから生じる廃棄物や不要物、たえず通りを汚している多数の馬やその他の家畜、舗装をすり減らし壊してやまない二輪馬車や乗合馬車やもっと重い四輪馬車とりわけ、つねに通りの至る所を疲れ切って歩き回っている無数の人々、といったものに留意しよう。つまり、これらに留意するならば、刻々と新たな不潔物が生み出されざるをえないことが分かるであろう。それに大通りが川べりからどんなに遠く離れているかを考えれば、不潔物が生じるのとほとんど同時に片づけるため、いかに費用と注意が払われようとも、繁栄が鈍らないかぎり、ロンドンがもっと清潔になることはありえないのだ。」

さらに、マンデヴィルの叙述には次のようにロンドンの繁栄と不潔な通りの関係を表す言葉があります。「不潔な通りはロンドンの至福から切り離せない必要悪である」という簡略で、的確な指摘です。イギリスの経済的発展の潮流が、まさにマンデヴィルをその渦中の人とし、彼自身はその状況を、非常に冷静に精神内科医の目で楽しんでいたのではないでしょうか。当時にあって、いきいきと生活している利己的な人間としての彼自身を分析対象とすることで、社会考察の特異的な一端が、彼自らの『ヒポコンデリーおよびヒステリア論』に表れているように思われます。

「私には非常に沢山の仕事をやってのけることは決して出来なかった。誰でも、すべて業務をおこなう際には自分自身の気質と能力に相談すべきだ。私は群衆が嫌いだし、せかせかと急ぐのが嫌だ。その上私は生まれつき仕事が遅く、一日に十二人以上患者を診察することは出来なかったし、またそうすべきだとも思えなかった。私はいささか利己的であり、他人の利益だけでなく、私自身の享楽と気晴らし、要するに私自身の利益に気を配らざるをえないことを同じく認めなければならない。私は、早朝から夜遅くまで仕事のために身を奴隷にして働き、職業のために全身を犠牲にすることができる公共精神の持ち主に心から感嘆することができるし、現に感嘆しているが、しかし私はそうした人々の真似をする力はまったく持ち合わせていない。私は怠けているのが好きだというのではなく、自分の好みに従って仕事をしたいのである。だから、人が目覚めている時間の三分の二を他人に与えるとすれば、残った時間は自身のために使って当然であると思う。」

では、これからマンデヴィルの人間本性観を繙きましょう。

2　人間の姿とは——私悪の必要性

マンデヴィルはシャフツベリの人間像を痛烈に批判したと先に述べましたが、彼の同書の「社会の本質についての論考」の冒頭に次のようにシャフツベリの名と著書を名指ししている箇所があるので、紹介します。この叙述が彼の人間本性分析視角ともなっているといえましょう。

「ほとんどの道徳家や哲学者は、自己抑制のない美徳などありえない、とこれまで意見が一致してきた。だが、見識ある人々によって今よく読まれている最近亡くなったさる著者は逆の意見をもち、人間は我が身の苦労とか無理を強いることなしに生まれつき有徳であると考える。彼は人間の善意を求め、期待しているように思われる。それはちょうど、我々が葡萄や蜜柑に甘味を求め期待しているようなもので、もしそのなかの何れかが酸っぱければ、本性上到達すべき成熟にまだ達していないと我々は臆面もなくいうのである。この気高い著者は（というのも『特徴論』の著者シャフツベリ卿のことをいっている）、人間は社会のために造られているのだから、自分もその一部をなす全体への優しい愛情と、その福祉を求める性向をもって生まれてくるはずだと思っている。こうした想定に従い、彼は公益を目指してなされた行為をすべて美徳といい、そのような顧慮がまるでない利己心をみな悪徳と呼ぶ。」

上述から、マンデヴィルは一面シャフツベリに対して一定の評価をしているように感じられます。というのも、これまでドグマ的宗教権威やそれに類する道徳家と呼ばれる人々が語っていた人間像は、まさに原罪を背負った罪深き生き物としての人間でした。だからこそ、私達人間は自らの理性を働かせ、諸欲求に翻弄される人間の弱さを律していくこと、すなわち自己抑制をする――諸々の欲望に立ち向かう――姿に有徳さを見出していたのです。しかし、シャフツベリの示した人間像はまったく異なっていました。まさにシャフツベリの示しえた人間像はこれまでの罪深き者としての人間ではなくて、有徳な――道徳感覚を備えた――人間本性を示すことで、これまでの宗教的戒律に怯えていた、さらには闘争的に私的利益を追求する人間像から解放されたということができるでしょう。

マンデヴィルは自ら次のように語ることによって、シャフツベリの体系との相違を明らかにします。

「人間の善良で温雅な性質は、彼を他の動物よりも社会的な生き物にしてくれるものではないということだけでなく、いわゆる自然的な悪でもあり道徳的な悪であるものの助けがなければ、多数の人間を人口稠密で富裕で繁栄する国民に高めるのも、そのように高めた場合彼らをその状態に保ちつづけるのも、まったく不可能であろうということを、読者に納得させるのが目的である。」

マンデヴィルが述べる「自然的な悪でもあり道徳的な悪であるもの」は、先のシャフツベリ評のなかに彼自身が示しているように「利己心」のことです。また、話は多少前後しますが、彼の著書『蜂の寓話』のサブタイトルこそ真意を明確に表しています。それは「私悪は公益なり」という言葉です。さらに、この私悪＝私的利益の追求＝奢侈はマンデヴィルの定義では次のように厳しいものとして提示されています。

「人間を生き物として存続させるのに直接必要でないものはすべて奢侈であるとすれば（厳密にはそうであるべきだ）、世の中には、裸の未開人にあってさえ、奢侈の他には何も見いだすことができない。未開人について、現在にいたるまで以前の生活様式に何ら改善を加えたものはなく、食べ物の調理にせよ、あばら屋の作り方にせよ、その他のことにせよ、かつては十分であったことに何も付け加えたものはない、などというのは考えられない。この定義はあまりにも厳正すぎると誰でもいうであろう。私も同じ意見である。ところが、この厳格さをほんの少しでも和らげるとすれば、止まるところを知らないのではないかと思う。」

上述の定義は、マンデヴィルが道徳厳格主義者の立場に身を置くことによって、奢侈を定義しているとよくいわれているところです。そのことは、彼自身承知のうえでこのような所業に出たといえます。なぜなら、彼は、悪徳と世間から称せられているものこそが社会発展と繁栄をもたらしてきたし、これからもそうだと主張したいからです。これから、マンデヴィルの奢侈を指向する利己的な人間本性への考察を覗いていきます。

3　人間本性と社会性

マンデヴィルの捉える人間は非常に個人主義的な傾向をもち、これまでにみたように当然のことながら、自らの奢侈（＝贅沢や自らの生活水準の向上へ資するもの）への傾向性、より端的にいえば、利己心の追求を私達人間は主眼として行動するのですが、そのこと自体が優れて社会的な意味をもっていることを示しています。その人間本性と社会性の彼独自の考察の一端をみます。

シャフツベリ批判を述べた箇所のあとに、マンデヴィルは人間の本性について次のように規定しています。

「人間が生まれつきもっている安楽や怠惰への愛や感覚的な快楽に耽る傾向は、教訓によって矯正しうるものではない。」

また、彼は人間を「種々の情念の複合体」であると強調し、欲望が人間のあらゆる能力を開花させ、社会発展の原動力となることを次のように述べています。

「人間は欲望に動かされる以外には、決して努力するものではない。欲望が眠っていて、欲望を刺激するものが何もない場合、人間の優れた性質と諸能力は永久に発見されないままであろう。そしてその不器用な機械は、情念に動かされるのでなければ、まさに微動だにもしない大気のなかの巨大な風車にも例えることができる。」

さらに、彼はこのように人間の排他性さえ語るのです。「あらゆる人間は、隣人のことなど考えず、出来る限り自分によかれと願うのである」と。

上述のように、マンデヴィルは、人間の行動原理の根幹として欲望や情念を取り上げており、その路線ではシャフツベリ以前のように単に理性のみが社会を指向する能力とは捉えられていないことはすぐにわかります。さらに、彼自身、理性を支配するものとしての情念という考え方も示しており、この点はヒュームの「理性は情念の奴隷である」という発言を私達はすぐに想起できるところでしょう。

マンデヴィルの人間本性における分析は自己愛と高慢の考察を経ることによって、僅かではありますが、ホッブズの人間本性把握である「高慢の子」としての人間を彷彿とさせるものです。

マンデヴィルは次のように自己愛について述べます。

「あらゆる動物が自らを保存するために払う注意を増大するために、自然はあらゆる個々の生物がそれ自身を真の価値以上に評価する本能を彼らに与えたと私は考える。」

この自己保存の能力としての自己愛はまさに高慢の原因で、次のマンデヴィルの語るところです。

「高慢とは、悟性をもつあらゆる人間が、彼のすべての資質と事情に十分通じた公平な判定者が彼に許しうる以上に、彼自身のことがらを過大に評価し、よりよいように空想する、あの生まれながらの能力なのである。」

このように、マンデヴィルは私達の本性の自己愛が高慢の本来的能力を宿していることを述べたうえで、私達の行動の方向性を決定する原理として、名誉の原理と恥の原理が社会を形成するという観点として非常に重要であることを指摘します。すなわち、私達は誰かに褒められることによって自らの言動に価値を見出します。一方、誰かに非難されるあるいは無視されることによって自らの言動が他者から拒否され、自らのそれが他者の同意を得られず、自らの言動の正当性を傷つけられたと感じ、「恥」を意識します。そして、これらの原理は同じ情念＝自己愛の異なる感情であることをマンデヴィルは指摘するのです。

さらに、マンデヴィルの綿密な情念考察は続きます。要旨は次のようになります。情念は理性によって克服され得ないから、私達人間は情念を克服するのではなく、単にそれを偽装したり変形したりして生きている。また、どうして人間が社会を形成するのかという問いをマンデヴィルは挙げて、政治家の老練な管理が公益を増大させたとします。

先を急ぐのを抑制して、なぜ私達人間が社会を指向するのかをマンデヴィルに尋ねてみましょう。

「人間の社会性は次の二つ、つまり、彼の欲望の多様性、ならびにそれらを満たそうとする努力のなかで絶えず出くわす障害、という二つの事柄からのみ生じることを、私は論証しよう。」

上記の後者、つまり障害を排除するための「政治体」の必要性を彼は示します。

「社会ということによって私が理解しているのは、人間がはるかに強い力で押さえつけられるか、説得によって野蛮な状態から引きずり出されるかして、他人のために働く点に自らの目的を見いだせる訓練された動物となり、かつまたある支配者とかその他の形の政治のもとで、各成員が全体に資するようにされ、皆が巧みな管理のために一人の如く行動せられる政治体である、ということを読者に知っていただきたい。それというのも、社会とは、牛の群れとか羊の群れのように、統治なり政治なしに人間への生まれながらの愛情、あるいは交際好きから一緒に集まった多数の人々のことである、という意味にすぎないならば、人間ほど社会を造るのに相応しくない動物はこの世にいないからである。誰かに服従することも、上の者を恐れることもまるでなく、皆対等である人間が百人もいれば、喧嘩しないで二時間ほど目を開けて共に過ごすことなど決してできないであろうし、知識や力や勇気や決断力をよけいにもっていればいるだけ、事態は一層悪くなるであろう。」

上述のマンデヴィルの発言の冒頭は、政治体は人間を野蛮な状態から引きずり出すことによって私達が社会を形成することを提示していますが、後半の発言ではホッブズ的な能力の対等が引き出す闘争状態を示しているといえます。マンデヴィルはホッブズ流のあるいは社会契約流の個人にその動因を認めていません。これまでのところで私達は、人間の言動を決定する原理として、自己愛から導き出された名誉の原理と恥の原理を知っています。マンデヴィルはより高い次元に立って、私達の社会の有用性を認識しているのが歴代の政治家であるとしたうえで、多数の人間に先の情念の偽装がより大きな不便を防ぐために必要であることを教えたと指摘するのです。その政治家の技法こそが、人間の虚栄心——ただし、悪徳ですが——をくすぐってやることなのです。別言すれば、名誉の原理と恥の原理＝是認（追従）と否認（恐怖）から、社会的有用性の方向を指導するとともに、その利点を相互に伸ばしてやることです。

私達の日常の習慣を振り返ってみればわかりやすいでしょう。マンデヴィル自身が次のような二つの例を挙げています。まず、姉妹——例えば小学校高学年と幼稚園とを考えてみてください——の例として、あるお宅を両親とともに訪問する姉に母親は次のように諭すのです。「あなたはお姉さんなのだから、お淑やかなレディのように振る舞わなくてはなりませんよ。もう大人の仲間入りをする年齢なのですから」。すると、どうでしょうか。姉は多分、「私はもう大人よ。しっかりとレディとして振る舞わなくては」と思うかもしれません。姉の気持ちのなかに自尊心があり、やんちゃな妹——子供——とは違うのだということからそれらしく本当に振る舞うようになるでしょう。そして、さらに親が今日の姉の態度を褒めてやれば、それは姉にとって励みとなり、その習慣化によって良い行いが身につくことになるのです。マンデヴィルは下記のようにいいます。

「事物への好き嫌いは、流行や習慣に、また我々の上の者とか、何らかの意味で我々よりも上だと考えられるような者の教訓や実例に、主として依存していることがわかるのである。」

この例から、明確に私達人間は社会の有用性という方向性を、すなわち社会の秩序維持を自覚するというより、教えられることによって習得——それ自体、習慣化や文明化——してきたということがわかります。

もう一つの例は、人間の欲望と商業活動に関わるものです。登場人物はあるドレス店の主人とある上流の婦人といったところでしょうか。店主は常得意の客である婦人を迎えるために馬車が着く店頭から赤い絨毯を敷き、馬車が着くと、彼女を介添えして店内に迎え入れる。すかさず、店主は「今日も奥様、お美しい」等と語りかけ、「あなたの肌にお似合いの色を入手いたしました。是非、ご試着を」と新しい生地をもってくる。このような光景は現代でも私達が遭遇するところです。さて、自分がこのような場面で、どんなことを考えるか、あるいはどんな気持ちになるか想像してみてください。大方、店主のセールス・トークをお世辞であるとわかっていながらまんざらでもないと、耳に心地よい言葉にドレスの注文をするかもしれません。この場面では、店主は自らの店の利益の増大には欠かせない客の一人としてその婦人を扱っているだけかもしれません。しかしながら、店主はその婦人をおだてることが相手の気持ちを満足させ、利益に繋がることを知っているのです。一方で、その婦人は、確かに店主の利己心を知っているかもしれませんが、自らの気持ち＝自尊心＝虚栄心をくすぐられることによって、気持ちよく買い物をしたという充足感を得ているのかもしれません。さらに、買い物をするということは、その婦人は生まれてこのかた裁縫をしたことがないとすれば、店主や裁縫職人に頼っていることになります。

マンデヴィルの先程の発言に「欲望の多様性」という語句が出てきましたが、まさにこの欲望が多様化してくること自体が人間の社会性の実現と関わっていることが容易に理解できるところです。上の例の婦人はドレスを買い、別の店では家具を買うかもしれません。婦人自らの様々な欲望を社会は満たしてくれます。また、店主は自らの売り上げから今日の夕食の肉と酒を購入することができます。

「商売や製造業の種類が多ければ多いだけ、それらが骨の折れるものであればあるだけ、多数の領域にわかれていればいるだけ、ますます大勢の人間がお互いに邪魔をすることなく社会のなかに包含され、一層たやすく富裕で強力で繁栄する国民になるであろう。」

このようにマンデヴィルは人間本性と社会性を解きほぐし、最後にいかに悪徳――高慢、虚栄心、私的利益追求等々――が社会形成の土台となっているかを次のように指摘するのです。

「つまり、人間に生まれつき備わっている優しい性質や温情も、彼が理性や自己抑制によって獲得できる真の美徳も、社会の基礎ではなく、道徳的にせよ自然的にせよ、いわゆるこの世で悪と呼ばれるものこそ、我々を社会的な動物にしてくれる大原則であり、例外なくすべての商売や職業の堅固な土台、生命、支柱であること、そこに我々はあらゆる学芸の真の起源を求めなければならないこと、悪が消滅するとすぐに、社会はたとえ完全には崩壊しないにせよ、台無しになるに違いないことである。」

これまでのマンデヴィルの発言で私達が気をつけなければならないことは、果たして彼自身が本当に欲望や情念から動かされるものすべてを悪徳と認識していたのではないということです。厳密に私達の生活を奢侈と規定することによって、当時のリゴリズム＝道徳厳格主義者や宗教家、さらには当時の通説であった重商主義的政策への批判が込められていたことを忘れてはならないでしょう。では、最後にマンデヴィルの経済的思索を探ります。

4　奢侈論の意味するもの

『蜂の寓話』の最初には彼の「ブンブンうなる蜂の巣－悪者が正直者になる話」という散文詩、正確にいえば、当時のイギリスを評した風刺詩が載っています。ここでは、そのなかで、経済的分析に欠かせない箇所を抜粋したのちマンデヴィルの経済思想の一端を眺めます。書き出しはこうです。「ある広々とした蜂の巣があって／奢侈と安楽に暮らす蜂でいっぱいだった。……」（／印は改行を示す）と続きます。

「あの呪わしく意地悪く有害な悪徳で／悪の根源をなす強欲が／奴隷として仕えた相手は放蕩であり／あの気高い罪であった。／他方で奢侈は貧乏人を百万雇い／厭わしい自負はもう百万雇った。／羨望そのものや虚栄は／精励の召使であった。」

「いや国民が偉大になりたい場合／ものを食べるには空腹が必要なように／悪徳は国家にとり不可欠のものだ。／美徳だけで国民の生活を壮大にできない。」

すでに私達はマンデヴィルの奢侈の定義とそれをなぜ悪徳と呼んだかは了解済みです。当時の一般的重商主義者にとって、奢侈的消費は忌み嫌うものとして考えられていたのです。すなわち、奢侈は虚栄心を生み、さらには至極当然の成り行きとしてそれは外国の奢侈品への嗜好に繋がるとみていました。外国の奢侈品の購入＝輸入は明らかに自国の富の流出を意味し、富の海外への流出は自国の衰退を当然意味します。このような思考回路を当時の重商主義者の多くがもっていたのです。

マンデヴィルは詩の注解のなかで、次のように述べます。

「奢侈はそれに耽るすべての個人の場合と同じく、全政治体の富をも破壊するものだということ、また、ずっと私的な倹約が個々の家庭の財産を増やすのと同様に、国家的な倹約が国家を富ませるものだということは、世に認められた見解である。はっきり言って、私よりもずっと優れた理解力の持ち主が、このような意見であることは知っているけれども、この点で彼らに異議を唱えないわけにはいかない。」

彼は上述の発言の後、イギリスとトルコとの間の貿易事例を示し、当時の重商主義者の見解がいかに不都合極まりないかを論証していきます。簡単に触れておくとすれば次のような事柄です。単年度の枠組みでイギリスとトルコとの貿易は常時トルコの黒字（イギリスの貿易赤字）という状況設定が初めにあるのですが、①イギリスが一方的にトルコからの輸入を半分に減らす。②イギリスが輸入した半分を再輸出する。①においてマンデヴィルは、確かに１年ぐらいはトルコは忍耐するであろうが、その後それが継続されるとすればトルコは貿易相手を変えるなどして、イギリスは、これまで享受していたメリットを今後一切入手できなくなるであろうと指摘します。また②においては、まずイギリスが再輸出するにしてもすでに充足している市場であれば、なおさら新規参入には困難を伴うであろうし、再輸出するということは、これまでにその輸入した原材料を加工・販売していた業者や職人の仕事を奪うことになり、失業者を出すことに繋がっていく、とマンデヴィルは批判理由を挙げているのです。

これらの言説に対して、マンデヴィルがとった見解は至ってシンプルなものです。一国対一国の貿易差額をすべてプラスにするような政策ではなく、包括的な貿易を視野に入れて、「貿易全体の差額に監視の目をそそぎ、一年間に輸入される外国品のすべてが、同じ年に他国へ輸出される自国産または自国製のものを、価格の点で決して超過しないようにする」ことを主張するのです。さらに、マンデヴィルは次のように指摘することで、奢侈が国家を衰退させるような消費行為ではないことを強調します。

「私が最後に主張したことにただひたすら気をつけ、輸入額が決して輸出額よりも多くならないようにすれば、どんな国家でも外来の奢侈のお蔭で貧乏するなどはありえない。そして、奢侈を獲得すべき自国の資源を調和的に増大させることが出来さえすれば、好きなように奢侈を増進させうるであろう。」

ここにおいて、マンデヴィルは「奢侈を獲得すべき自国の資源を調和的に増大させること」を主張することによって、イギリスが他国から奢侈品を購入できるという繁栄と豊かさを現在享受していることを明確に語っているし、自国民の活気——それが暴飲であれ暴食であれ——の源となる欲求こそが、「はるかに国民とその子孫の健康や活力が期待できることに疑いはない」と述べるに至っています。

さらに、「自負」については、衣服や生活様式を自らの生活水準に合わせればいいのですが、多くの人々は思慮浅く自慢できるものをもとうとし、「我々はみな高望みをし、何らかの意味で我々に勝っている者を、出来るだけ早く模倣しようと努めるのである」ことをマンデヴィルは指摘します。

私達人間は奢侈を求め、自負＝虚栄心から勝っている者の真似をしようと精を出します。私達の私的利益の追求こそ確かにリゴリズムからすれば悪徳ですが、社会的繁栄をもたらす原動力であることは明確にマンデヴィルが語るところです。また、その人間の同じ欲望ゆえに他者へ仕事を創出し、提供する、さらなる富の源泉となっている箇所が、ケインズの有効需要の原理の基底となっていることは、もう疑うことのできない現代性をもった政策要素の一端であることを、私達は垣間見るところとなります。

マンデヴィルの労働者階級への論考も興味深いものですので、この点については、ヒュームの労働観とともに場を変えてみることにしましょう。

5　労働者階級の役割——消費と教育

マンデヴィルは労働者へ支払われる賃金は低く抑えるべき、という当時の重商主義的議論の枠組みの中にあったといっていいでしょう。確かに奢侈が雇用を生み、イギリスの経済的繁栄を支えているとしていましたが、その雇用されるべき労働者が消費活動の主体であったかというと決してそうではなかったようです。

そのマンデヴィルの議論に登場してくる労働者はどのような性格の持ち主として捉えられていたのかというと、当時の労働者階級に属する人々は例えば、１週間の生活費を４日で稼いだとすると、残りの３日間は労働もせず怠惰に過ごすと考えられていたのです。ですから、そのような労働者を毎日働かせるためには１日分の賃金を低く抑えることによって、怠惰な生活を送らせないようにすることが国家としても賢明な方策であると信じられていました。また、彼らに対する教育についても次のようにマンデヴィルはいっています。

「政策を講じ、断固として怠惰を思い止まらせれば、強制しなくとも貧乏人を労働させうるのと同じく、彼らを無知のまま育て上げることにより、真の苦難にもそうとは感じないでなれさせうるであろう。彼らを無知のまま育て上げるとは、ずっと前にほのめかしたように、世俗的な事柄について彼らの知識がその職業の範囲内に限られるという意味で、少なくともその範囲を越えるように我々が骨折らないという意味であるにすぎない。これら二つの手段で食料、したがって労働を安くすることができたとき、我々はきっと近隣諸国より多く売り、それと同時に数も増やせるに違いない。」

彼のこの労働貧民の政策は、労働者が日々の食料を安く調達でき、賃金を低く抑えることができれば、すなわち人件費を低く抑えることができるとすれば、他国との貿易競争に打ち勝つことができるというシンプルな戦略です。さらに、彼らを「無知のまま育て上げる」、「真の苦難」を感じない、「彼らの知識がその職業の範囲内に限られる」という発言は教育＝知識の習得を労働者に課さない方が得策であることを意味しているといえます。

私達は義務教育を受け、その後高等教育を受け、自らの思索と教養の糧を教育から得ており、それが当たり前であると思っているのですが、もし、私達が教育を受けないあるいは生活に有益な知識や情報を得ることがない環境にいたとすれば、私達は今自分が行っている労働の価値や意味さえ疑うことをしなくなってしまうのではないでしょうか。

また、「彼らの知識がその職業の範囲内に限られる」というマンデヴィルの発言は、スミスのいう、分業の弊害における単純労働へ特化していく労働者への教育の必要性とは相反するものであることは明白です。スミスは次のように理解力の重要性を指摘します。

「大方の人間の理解力というものは、彼らが従っている日常の仕事によって必然的に形成される。その全生涯を、少数の単純な作業、しかも作業の結果もまた、おそらくいつも同じか、ほとんど同じといった作業をやることに費やす人は、様々の困難を取り除く手だてを見つけようと、努めて理解力を働かせたり工夫を凝らしたりする機会がない。」

これからも明白なように、生産の効率化や革新を求めるのであれば多くの人々が教育を与えられる機会と場を国家が提供することが、国家の繁栄とさらなる発展に貢献することがわかるでしょう。また、日々の生活の向上を求めるという発想が労働者階級に多くなるとすれば、奢侈品の購買層の拡大にも繋がります。それらの人々の理解力に着目したのがスミスの友人であり、先輩であるヒュームなのです。

マンデヴィルが労働者階級を労働の主体として捉えていたことは間違い

ありませんが、彼らのもう一つの側面＝奢侈の購入者、すなわち奢侈品の消費者というアングルはもち合わせていなかったのです。マンデヴィルにとっての労働貧民はあくまで国家における生産労働力ではありますが、消費の主体としての考察対象に上っていなかったのです。

では、マンデヴィルとヒュームの間で労働観の何が異なっていたのでしょうか。それは彼らの思索活動の時期にも関わってきますが、商業社会の捉え方に起因することは間違いないでしょう。例えば、人間を本来的に怠惰と捉えるのか、また労働を苦痛と捉えるのかによって考察の道筋は大きく異なってくるでしょう。次の叙述は、ヒュームの労働観とその精神性を表す『政治経済論集』(1752) からのものです。

「人々はたえず職業に従事し、その報酬として、彼らの労働の果実としての快楽だけでなく、その職業それ自体を楽しむようになる。精神は……正直な労働への精励によって、その自然的欲求を満足させると同時に、安楽と怠惰によって育てられた場合には通常わきあがってくる〔浪費への〕不自然な欲求の成長を抑止するのである。」(〔 〕は引用者)

私達は様々な知識を活用することによって、労働の質と効率性を上げ、その見返りとして得られる報酬から喜びを感じます。さらに、自らの生活環境水準の向上のために、ヒュームが指摘するように、単なる「安楽と怠惰」を抑制し、ますますの勤勉さを自らに促したりします。このことは、当然、ヒュームやスミスが労働者階級もまた消費の主体であり、彼らを含めた国民一人一人が国家経済の繁栄の一役を担っていることを熟知し、認識していたことを表すものといえましょう。ヒュームやスミスは労働者の高賃金論を展開することによって、マンデヴィルのいた商業社会の地平よりも高見に登っていたということがいえましょう。

私達は18世紀近代の商業社会への展望をもった思想家、とくにスコットランド啓蒙思想家の人間本性と社会への考察過程をみるところにきました。

12講　経済学とスコットランド

1　経済学が独立する

皆さんは「経済学」の講義が最初に世界のどこで行われたか知っていますか。イギリスだろうとか、アメリカだろうという答えしか返ってこなかったら少し寂しい気がします。もし、わからないという人がいたら、経済学の古典的名著を思い出してください。しかしながら、皆さんがすぐに頭に思い描いた人物が世界で最初の経済学の講義をしたわけではありませんが、彼が生まれ、多くの知識人と議論し、あの古典的名著を著した土地こそ、すなわち、スコットランドこそ正解です（因みに、経済学の古典的名著といえば『国富論』、その著者といえばアダム・スミス）。

ではいつ経済学の講義がなされたのか、そしてそれは誰によってか、どこの大学でなされたのかを次にお話しましょう。

ブリテンで最初——ということは、世界で最初と考えてよいでしょう——に経済学の講義がなされたのは1800年で、エディンバラ大学の道徳哲学教授であったドゥーガルド・ステュアートによって行われました。それ以前は、周知のように、学問分野も大別すれば自然哲学分野と道徳哲学分野に分かれている状態で、後者、とくに道徳哲学の分野といった場合——18世紀という時代においては——、それは自然神学、倫理学、法学、政治経済学という四つの学問を包含していたのです。その政治経済学から枝分かれして、今、私達が勉強している経済学という学問が独立したのです。ですから、ドゥーガルド・ステュアートの講義の初年度は「経済学独立講義」というように、「独立」と冠して行ったといわれています。

ここでは、経済学の学際的な位置づけという再認識——近代として、さらには現代との比較において——も意図しつつ、次にドゥーガルド・ステュアートの講義プランを示しておきます。

〔経済学講義プラン　1800—1801 年冬期用〕

1．経済学の対象と効用についての序論的講義

2．この学問分野の発生と進歩についての講義——この分野と自然法学との関係——グロティウスと彼の後継者たちの諸体系の展望およびこれらが近代の学問としての経済学に導いたように思われる一連の思考についての展望

3．すべての多様な文明社会にとって本質的であるように思われる若干の基本的法律、とりわけ結婚に関する制度と所有権を保護する法律についての予備的考察

上記の講義内容から、いかに経済学が自然法学と密接に関連しているのか、広義に解釈すれば、いかに法学や政治学——実定法を含めて——、さらには法学と結婚という人倫的＝倫理的な領域との関係性も示されていることがわかります。今日において、私達は地球環境を考えなければならないという点では先の道徳哲学とともに自然哲学、今様にいい直せば、社会科学と自然科学の総合的協働こそが必要であることを改めて認識するところです。一例を挙げれば、温暖化ガス削減問題において、とくに経済分野を考慮すれば、排出権取引が取り上げられるでしょう。この場合、企業の製造工程の改良や環境倫理への取り組み、さらには従業員個々の社会的貢献への意識さえも市場取引の要素に入ってくるわけですから、地球環境の問題は取りも直さず、私達の世界的問題であり、ミクロ的にみれば先の企業人ではないけれども、個々の人間としての地球に対する責務の問題として認識できるでしょう。

経済学が独立するということの意味は、道徳哲学分野での学問としての重

要度が増したということの証拠でもあります。とはいえ、学際的な視野を欠いた手法がいつの時代にも行き詰まることを考えれば、現代社会を考察するうえで、18世紀がもっていた学問間の緊密性と包括性を今だからこそ、私達は再び意識しなければならないでしょう。

これから私達が覗こうとするまさに18世紀の商業社会は人間とその社会をどう捉えようとしていたのでしょうか。それを知るうえでも、私達は大雑把にスコットランドとイングランドとの合邦問題にも触れておかなければならないと思います。

2 「富徳論争」

1707年にスコットランドはイングランドとの合邦の道を選択します。ではなぜスコットランドがイングランドとの合邦に同意したかという問題を私達は考えなければなりません。すでによく知られている論争を次に紹介しましょう。

この論争は「富徳論争」という名称で、すでに周知されているところで、これこそ重要な意味をもっているといっても過言ではありません。当時のスコットランドは長期不況に陥り、その状況から抜けきれずに苦慮していました。ですから、イングランドと一緒になることにより、スコットランドはイングランドと同様の市場チャンスと経済的拡大を獲得する機会として積極的に合邦を進めようと考える人達がいました。しかしながら、当然、経済格差を抱えている合邦ですから、政治的支配権はイングランドが掌握することとなります。スコットランドは自らの政治力、すなわち統治能力を奪われ、イングランドに従属するという事態に置かれるのです。その従属的地位の問題が、とくにスコットランドの独立堅持を主張する知識人の陣営にとっては非常に大きなウエイトを占め、彼らは当然のことながらスコットランドの独立性の確保——統治権の死守——を主張することとなります。

さて、この論争の前者＝「富」を主張する陣営は、まずは政治的従属をいったん棚上げした形で、スコットランドの商業的発展の道を歩もうと考えていたわけです。それに反し論争の後者＝「徳」を主張する陣営、すなわちスコットランドの独立を堅持していこうとする立場の主張は次の議論を展開することによって、自らの独立と「徳」を結び付けたのです。彼ら共和的思想を堅持・主張する——シヴィック・ヒューマニズムと呼ばれていますが——知識人たちは、スコットランド人の独立心、あるいは愛国心というものを国民がなくすということは、民族の崩壊を意味するものと考えていました。ですから、彼らは自らの自尊心＝愛国心を奮起し、イングランドとの合邦をせずとも——そのことは、貧困からの脱出という経済的繁栄を半ば放棄するということですが——、我々スコットランドはやっていける、自らの国を愛するという精神＝「徳」を育むことを最大の使命と考え、国家への国民の結集を説いたのです。さらに、イングランドの現状——商業的繁栄のなかで——は、諸々の人間的に高貴なあるいは尊重すべき精神＝徳性（例えば、倹約、忍耐、勇気、中庸等々の徳目）を腐敗させていると非難したのです。

その商業の発展＝徳性の腐敗論への反論として出されたのが、商業の発展＝文明の洗練化、つまり、商業の発展にともなって人間の徳性は腐敗するものではなく、より洗練された形をとり、磨かれていくというものだったのです。彼らの主張を体現している論理を提供しているのが、ヒュームの『政治経済論集』の「商業について」の議論です。ただし、ヒュームにしろスミスにしろ彼らはすでにスコットランドがイングランドとの合邦を済ませたあとに登場した思想家ですので、ただちに先の「富徳論争」に参加しているとはいえませんが、時代背景を踏まえたうえでの商業社会発展の正当性と妥当性、さらには現代へ続く近代市民社会形成期の思想という点では、後の産業革命の下地を固めた近代商業社会出現の必然性を明確に解明していることからしても看過してはならないでしょう。ヒュームの先の著書の「商業について」では、古代農耕社会の典型としてのスパルタと当時の商業社会の富と軍事の問題が最初に取り扱われています。

大意は次のようなものです。古代農耕社会においては、産業は農業にかぎられ、多くの奴隷の労働によってその生産が行われていました。一方、国家を護るという点から多くの軍隊を抱えなくてはならないという状況があるので、生産物は国民（奴隷の維持を含めて）を賄わなくてはいけないけれども、それ以外の余剰生産はすべて国防を司る軍隊へ流れることになります。この状態は常時、国民を必要最低限度の生活――いうなれば、貧困――状態に置くことを意味しています。一方、現代のように、農業と商業・工業が分離している社会では、どのような状態が実現しているかというと、農業以外の産業部門を発展させることによって、社会的生産余剰を作り出せる社会であり、人口の大半が農業以外に従事しているから、それら国民が直接的に社会的余剰を生み出し、国富を増大させています。従って、国民は必需品を越えて、豊かな生活を送る水準に到達できます。さらに、国防の財源は、多種多様な製品、すなわち余剰部分に税金を課すことによって、容易に調達することができることとなります。

ヒュームは上記のように述べ、国富の増大が国力を充実させるという、近代社会の優越性を強調したのです。

さらに、ヒュームは、商業の発展は人間の精神を文明化・洗練化するとして、商業活動の活発な時代は「もっとも幸福であるとともにもっとも有徳な時代である」ことを指摘します。これについては、先のマンデヴィルの項目の最後で、人間は労働の喜びを感じるとともに、その職業に愛着を感じ、多くの不自然な欲望（怠惰や不正義等）を自ら抑制して、その仕事に精励していく姿をヒュームの言説に私達はすでにみたところです。ヒュームはそのような精神を「勤勉の精神」と呼んで、個々人の明確な利益追求が賢明なる精神と行為を育むことを主張しています。そして、国家間でも商取引のルールの成立とともに、自由な交易の平和的推進が、相互の富を増大させることを次のように語っています。

「ある一国の富と商業との増大は、その近隣の諸国民すべての富と商業とを損なわないどころか、それらを促進するのが普通であり、一方、まわりの国がすべて無知と怠惰との状態に沈み込んでいるときには、一国がその商工業を大いに進歩させることはまずできない。」

もう一つ、「富徳論争」のなかで話題になったものは、上記のヒュームの考察にも登場した国防の問題です。ここでは、この国防を誰が担うかが大きなテーマとして扱われています。別言すれば、民兵か常備軍のどちらを設置するかという問題といってもいいでしょう。民兵制の主張者は当然、これまでの論争の流れからおわかりのように、独立堅持派であり反合邦派であることは察せられるところです。多くの国民に愛国心という武勇の精神を育成するためにも、国民各々が軍隊の厳しい訓練を経験し、国家存亡の危機に馳せ参じる気概を養い、それを実行していこうという考えです。一方、常備軍推進派、すなわち合邦賛成派の主張は先のヒュームの内容に近似しており、商業活動の発展は多くの社会的余剰を生み、多くの国民がそれぞれの仕事に専心・従事することによってそれは拡大されます。従って、民兵のように軍事訓練に一定期間の時間を割かれるということは、仕事の中断を意味し、生産の効率性を著しく低下させることとなります。さらに、国家の存亡の危機という緊急事態に民兵であれば果たして迅速にその状況に対応できるであろうかという疑問も浮かぶところです。常備軍であれば、職業軍人であり、専門的な国防の知識と技術をもち、速やかに国家的危機に応じることができるという利点をもっています。以上のように、商業社会の繁栄は、国富と国防——常備軍の設置——を増大・堅固にするという双方の相乗効果と、国民個々人に自由な活動——私的利益追求——を保障することによって、さらなる社会的発展を促進していくのです。

3 商業社会と精神

この講では、経済学とスコットランドという限定的な枠組みを設けてみましたが、多少はそれ以外の国の思想家の商業社会発展における人間本性と社会についての言説もみておくことにします。とくにヒュームと親交のあったフランスのモンテスキュー（1689―1755）に登場ねがい、彼の主著『法の精神』(1748)――この著書といえば、三権分立を唱えるなど法思想の印象が強いのですが――の「商業について」、「商業の精神について」の項目から、モンテスキュー自身に語ってもらいます。

「商業は破壊的な偏見を癒す。そして、習俗が穏やかなところではどこでも商業が存在しているというのがほとんど一般的な原則である。また商業が存在するところではどこでも、穏やかな習俗が存在するというのもそうである。」

「商業の精神は人間のなかに厳密な正義についてのある感情を生み出す。」

「商業の自然の効果は平和へと向かわせることである。一緒に商業をする二国民は互いに相依り、相助けるようになる。一方が買うことに利益をもてば、他方は売ることに利益をもつ。そしてすべての結合は相互の必要に基づいている。」

さらに同書の「法律は民主制においていかにして質素を維持すべきか」では次のように記されています。

「民主政が商業を基礎とする場合、個人が巨富を持ちながらも習俗は腐敗しないということが大いにありうることは確かである。これは、商業の精神が、質素、倹約、節度、労働、賢明、平穏、秩序および規則の精神を導くからである。従って、この精神が存続する限り、それが生み出す富は何ら悪い結果をもたない。」

上記のモンテスキューの商業社会の認識が、まさにヒュームの商業社会分析と同根であることがわかるでしょう。彼らが自らの著書を執筆した18世紀中頃の現実社会環境が、彼ら各々に上述の主張の根拠と証明、さらには商業社会の積極的ヴィジョンをもたらしたことはたやすく想像できるところです。

次に講を改めて、スコットランドの二人の巨人――ヒュームとスミス――の人間本性と社会へのアプローチ、また彼らの考察視角の相違を明確にし、とくに近代市民社会形成の一つの完成態とも呼べるスミスの思索へ歩みを進めようと思います。

13講　ヒューム（1711―1776）

1　ヒュームという人

ディヴィッド・ヒュームの名前を知っている方がどれくらいいらっしゃるでしょうか。アダム・スミスであれば、知っている、また、スミスの友人としてのヒュームの存在を知っているという方もいらっしゃるかと思います。では、ヨーロッパやアメリカではこの２人のどちらが有名であると思われますか。確かに古典経済学の父としてのアダム・スミスはある程度知られていますが、ヨーロッパやアメリカでは、ヒュームの業績の方が多岐――哲学、歴史――にわたり、スミスよりも知名度が高いといっても過言ではありません。

ディヴィッド・ヒュームはモンテスキューと親交があったと先にいいましたが、彼の友人で著名な人物をもう一人挙げるとすれば、ジャン・ジャック・ルソーの名前も挙がるところでしょう。このようにヒュームはヨーロッパ大陸では非常に名声を博した人なのです。彼は1711年にエディンバラで生まれました。ヒューム家はスコットランドのベリクシャーのナインウェルズの地所の所有者であり、彼の父は法曹地主でした。12歳でエディンバラ大学に入学し、法律家として嘱望されていましたが、古典文学に目覚め、文筆家を目指すようになりました。そして、20代で出版した『人間本性論』は人間学という近代の人文・社会科学の基礎的な学問を構築しようとした意欲作でしたが、彼自身がいうように「印刷機から死産した」というほどの失敗でした。ヒュームはその失敗から、その後自らの文体を変えたといわれています。それは厳密な学術的文体ではなく、より平易でエッセイ的な文体への変更でした。このように、ヒュームは文筆家を生業としましたが、大学教授の職を望んだ時期があり、エディンバラ大学道徳哲学教授のポストを獲得すべくハチスンに協力を仰いだのですが、彼自らの著書『人間本性論』の懐疑主義的見解からその職を逃してしまったのです。

その後セント・クレア将軍の要請に応じて、従軍秘書官に就任したことが、彼を次の執筆へ働きかけたのは間違いありません。オーストリア継承戦争の終結を受け、その条約締結の途上に多くの大陸の国家を彼は見聞し、イギリスという先進国との比較から文明社会あるいは商業社会の姿を考察の対象としたといわれています。彼は帰国後、『道徳原理研究』(1751) や『政治経済論集』(1752) を出版し、ヒュームの思想家としての名声はヨーロッパに広く知られるところとなりました。さらに『イングランド史』(1754—1761) の大作により、歴史家としてのヒュームの名声も確固たるところとなりました。

ヒュームの知名度と他の思想家への影響という点では、カントの『プロレゴメナ』(1783) の次の記述が示すところです。

「ロックおよびライプニッツの試論のこのかた——というよりも、むしろ形而上学の発生のこのかた、そして形而上学の歴史を遡り得るかぎり、この学の運命に関して起きたもっとも決定的な出来事といえば、デーヴィド・ヒュームが形而上学に加えた攻撃であろう。」

この後もヒュームへの言及が続き、カントが、理性主義の哲学の独断から覚まされたという歴史的事実は周知のとおりです。

また、当時の思想家のなかでもヒュームの優れた業績を評価した箇所を、スミスの『国富論』第３篇第４章における都市の商業が農村の改良をもたらすという言及箇所から引き出しておきます。

「最後に第三として、従来ほとんどつねに隣人とは戦争状態にあり、領主にたいしては奴隷的従属状態におかれて暮らしていた農村の住民のあいだに、商業と製造業は徐々に秩序と善政をもたらし、それとともに個人の自由と安全をももたらした。この点は、ほとんど注意されていないのだが、商工業がもたらした諸結果のなかで、もっとも重要なものである。私の知るかぎりでは、従来この点に着目した著述家はヒューム氏ただ一人である。」

そのほかにもスミスの二つの著書――『道徳感情論』と『国富論』――にはヒュームの名を明らかにはしていませんが、彼とわかる多くの記述箇所があります。同書第5篇第1章では、「現代における、抜きんでてもっとも有名な哲学者で歴史家〔＝ヒューム〕」（〔　〕は引用者）というヒュームと思われる表現もあります。

ヒュームは後に、駐フランス代理大使を務めるなど、フランス啓蒙思想界とも接点があり、スミスのバックル侯との大陸遊学の折にも、スミスのフランス社交界への紹介者としての役割も果たしたのです。そして、彼はスミスの『国富論』初版の出版年である1776年、65歳の生涯を閉じました。

2　人間本性とは

ヒュームの人間本性を私達が理解するためには、やはり彼の『人間本性論』を繙くことから始めなければならないでしょう。まずは、ヒュームの同書序論からの言葉です。

「すべての学問は多かれ少なかれ人間本性に関係があり、外見はいかに人間本性から離れた学があるにせよ、それらもやはりなにかかにかの経路を通って人間本性へ帰って来るものである。数学・自然学・自然宗教すらある程度まで『人間』学に依拠する。」

「さて、人間学が百般の学に対する唯一の強固な根底であるように、この人間学そのものに与える唯一の強固な根底は経験と観察とに存しなければならない。ところで、実験本位の哲学は、自然界の主題に適用されてから完全に一世紀以上を隔てて漸く精神上の主題にも適用されるに至ったが、この点は少しも驚愕すべき省察ではない。」

ヒュームにとって「人間学」は先に触れたとおり、包括的社会科学の基礎となる学問という位置づけになることが想像されます。すべての学問は、人間によって創設されたことがまさにそのことを物語っているのです。さらに、上記の後者の引用における考察のアプローチは、同書の副題にも歴然と示されてあるところです。それは、「実験的論究方法を精神上の主題に導入するひとつの企て」と書かれています。当時は、自然哲学の手法としての実験と観察を道徳哲学に導入することによって、道徳哲学の客観性と明証性の精度を深化することに主眼があった時代です。別言すれば、それは「ニュートン的経験主義的手法」を様々な分野に適用しようという試みの時代でもあったのです。そして、ヒュームは自らを人間精神の哲学者ではなく解剖学者に例えています。

ヒュームは同書において、人間本性的基礎を利己心と同感の二つの原理として捉えています。次の利己心と限定的な寛容さとしての能力の記述がこれからの私達の考察に方向性を与えてくれます。

「人間は生まれつき利己的であるか、あるいは限定的寛容さを授けられているに過ぎないから、簡単には見知らぬ他人の利益をはかる行動をおこす気にはならないものである。もっとも、何らかの代償となる利益を獲得する見込みがあって、そのような他人のための行動をおこす以外、その利益を獲得する希望がない場合は別であるが。」

ヒュームは上述のように、まず利己心と限定された寛容さを私達がもっていることを確認します。このような、利己心とそれに僅かでも対峙する能力や感情という二元論的定義をしているのは彼だけではありません。今後、スミスの議論にもヒュームの人間本性分析は各所で関わってくるので、スミスの人間本性把握についてもしばしば言及することになるでしょう。下記には、スミスの『道徳感情論』の冒頭の文章を提示しておきます。

「人間がどんなに利己的なものと想定されうるにしても、明らかに彼の本性のなかには、いくつかの原理があって、それらは、彼に他の人々の運不運に関心をもたせ、彼らの幸福を、それを見る喜びのほかには何も、彼はそれから引き出さないのに、彼にとって必要なものたらしめるのである。」

スミスの上述はヒュームの上記の内容と非常に似通っています。これまでの人間本性の認識の仕方は理性あるいは情念・感情というどちらか一方に、また利己的であるか慈愛的であるかという、これもまたどちらか一方に偏重した主義・主張に依っていたという歴史をみると、人間本性の実際の姿を彼らが映したということがいえますし、ようやっと人間の両面性――利己的であり、利他的である――という現実と社会環境――商業的社会の発展――を研究対象として捉えたといえるのではないでしょうか。

ヒュームは人間の利己的側面を捉え、なおかつ限定的寛容さ、すなわち自らの利益に関わりのある事柄、あるいは自らの幸福に直接関係してくる人々には少なからず関心をもっているということを示しています。一方、スミスの場合は、赤の他人のすることにおいても人間はある程度の関心をもってそれを眺めるということをいっているといえましょう。また、スミスは同書第6版増補における第6部で、私達の自然的愛着の順序を示すことによって私達の関心の度合いが、自分自身から家族・親類縁者・地域社会・国家というように自らとの直接的距離感が拡大することによって希薄になることを述べています。

さて、ヒュームの利己心に話を戻します。次の彼の言及が利己心に偏り過ぎた見解を批判するのです。

「利己的性質については、一般的に言って、これまであまりに極端に説明され過ぎてきた。そして、ある哲学者たちが人間のこの点について大いに楽しんでする記述は、寓話や空想物語であろう。怪物の説明と同じように、本来の姿から離れているのではないかと、私には感じられる。人間が何かあるものに対して、自分自身に対する以上の愛情を持たないとは思われない。それどころか、私の考えによれば、自分自身よりも他人をずっと愛する人に出会うことも珍しいけれども、また親切な愛情を全部まとめたとき、利己的愛情全体を超過しないような人に出会うことも珍しいものである。」

このように私達人間本性の固有の原理と感情をヒュームは指摘しています。さらに、私達人間が社会を形成するために保持している、別言すれば、これまでの歴史的経緯のなかで私達が「黙約」から、すなわち経験から社会を形成してきたその原理として、ヒュームは私達の人間本性に「共通利害の一般的感覚」が備わっていることを主張するのです。

ヒュームは同書でおおよそ次のような内容の例え話をします。

ある大きな川の河川敷に２人の男が偶然居合わせます。一方の行商の男はこの川向こうの街に当座の現金が欲しくて自分の作った人形を売りに行こうとしています。もう一人は若者で、彼は川向こうの街に住んでいる恋人に会いに行き、今日こそは結婚の申し込みをする決心をしています。手漕ぎボートは一隻。その川は先日からの雨で増水し、かなりの水量になり、流れも激しくなっており、一人の力では手漕ぎボートをうまく操作できず川下に大きく流されていく可能性が高いのです。そのような状況のとき、彼らはどのような行動に出るかをヒュームは私達に尋ねるのです。

ヒューム曰く、ボートを使うのに彼らは争うことはないでしょう。２人の男は言葉を交わさずとも、目を合わせて、対岸に顔を向けるだけで、互いに目的が同じことに気がつくはずです。一人では水流に抗することができない状況を考慮して、一つのボートに同乗し、オールを各々一つ握り、漕ぎ出すでしょう。たとえ、初めはオールを漕ぐ呼吸が合わなくても、次第に効率のよいオールさばきで、息を合わせて向こう岸へ到達することを彼らは優先するでしょう、と。

この例え話からヒュームは明確に次のことを述べているように思われます。まず、彼ら２人の利己的追求対象はまったく異なるとはいえ、その自らの欲求を充足させるうえで必要なことは、お互いに共通して対岸の街へ辿り着くという目標です。彼ら各々はひとまず自らの私的利益追求を二次的なものと考え、その大前提として対岸への到達を最優先事項として考えます。私達は、このように一人で不可能な事柄に遭遇したとき、自ずと他者と協力することによって、自らの私的利益追求の達成を可能にしていこうとします。この感覚を私達は本来もっていることをヒュームは主張しているのです。これこそ「共通利害の一般的感覚」であり、人間が社会のメリットを十分承知のうえ、社会形成は契約による成立という過程ではなく、コンヴェンション＝「黙約」によって現在のように確立された、と彼はいうのです。とすれば、私達はすでに公共的利益を考慮する能力をもっていることになります。次にヒュームの叙述でその感覚とその社会的ルールの形成過程を確認しておきます。

「社会の各成員は、この共通の利害を互いに表示しあい、この利害感が彼らの気持ちを動かして、彼らの行為を若干のルールによって規制する気にならせたのである。……この共通の利害感が相互に表示されて両者に知らされると、適切な決意と行動が決まってくる。」

では、ヒュームは社会が成立するメリットを人間がどのように考えていたのかを次の考察対象とします。

3　社会形成のメリット

ヒュームの『人間本性論』第３篇第２部第２節「正義と所有との起源について」の箇所では次のように社会の効用性が示されています。

「人間がその欠陥〔＝自然の肉体的な武器や力——ライオンであれば獲物を捕らえる牙や爪等に相当する自然的能力のこと〕を補って、他の動物と等しい程度にまで高まることができ、他の動物に優ることさえできるのは、ひとえに社会のおかげである。社会によってあらゆる虚弱は補償される。……しかも人間の能力は、未開で孤独な状態のときに至りえる最大限以上に増大して、あらゆる点で人間を満足させ、幸福にするのである。思うに、各人が別々にただ自分自身のために労働するときは、人間の力は小さすぎて、何らかの大きな仕事を遂行するには足りない。また、一人の人の労働がその様々な必要のすべてを補うために用いられれば、個々の技術が完全の域に達することは決してない。さらに、個々人の力と成功とは必ずしも等しくはない。従って、いずれかの点のわずかな不足も破滅と不幸を不可避的に伴わざるを得ない。そのように社会は、これら三つの不便を救済する策を提供する。各人の力を連結して、我々の力を増大する。分業によって我々の能力は増す。相互の援助によって我々が運命や偶然に曝されることは少なくなる。このように力と能力と安全とが加わるため、社会は有利となるのである。」(〔 〕は引用者)

ヒュームは上述のあとに、「この有利さに人々が気づくことも必須である」として、私達人間はこの長い歴史的経緯のなかで、先に確認したように、「共通利害の一般的感覚」から自然的ではありますが、必然的に社会の有用性の認識を獲得してきたといいます。そのことがヒュームのいう「黙約」＝コンヴェンションという周知の語句で表現されたということはもう私達に理解できることでしょう。

さて、社会の有用性を再度確認してみましょう。まず、私達は神によってほかの動物に与えられた武器と自然的能力を授けられていません。従って、孤独な状態では自己の生命を保持するのが不可能な動物です。しかしながら、私達人間は神から授かった能力としての本性をもっています。また、そのなかでも自らの利己心を満たすのに必要不可欠な環境を求めるという「共通利害の一般的感覚」をもっています。そのことが、ヒュームの述べる社会形成後の、自らの利益追求の自由とその享受を保障する制度や国家的あり方を人間自らが指向する歴史としてこれまで積み重ねられて——発展して——きたということがいえるのです。

この社会の有利さの裏返しとして、①個人の力では大きな仕事ができない、すなわち現実問題として目の前の小川に丸太を切り出してきて橋を架けるのは容易ですが、川幅が10メートル以上もある場所にはとても一人の作業では不可能なことは私達に理解できます。②個々人が自らの生活のすべての事柄を処理することは不可能であるし、個々の作業を完全な形にできません。私達は自給自足――ロビンソン・クルーソーのような――の生活を現在行っていません。空腹になればパンを買いにパン屋に行きます。春物の背広が欲しければテーラーに行きます。お気に入りのアーティストの音楽が聞きたければＣＤ店に足を運びます。というように、私達の社会にはそれぞれの専門店が存在し、そこに専属の、そして専門知識をもった多くの人々が働いています（ただし、今の私達はそれがごく当たり前、自然のことのように感じていますが）。③個人の努力は必ずしも報われない状況があります。つまり、自給自足的生活をしていたとして、自ら耕した田んぼに稲穂がなびき、もうすぐ収穫を迎える寸前で台風がきたという不幸に遭遇するかもしれません。このようなとき、気象の異変を察知して、共同体であれば、近隣の人々に協力してもらい収穫を早めることもできるでしょうし、さらに気象予報士のような専門家のアドバイスがあれば、大雨を事前に予測し、近くの川の決壊という災害への備えもできるでしょう。

このように社会の有用性、①力の結合＝協働、②分業化＝専門化、③力と能力の結合による安定的利益の確保＝安全な環境整備をヒュームは明確に指摘しているのです。

以上のように、ヒュームの社会は現実の商業社会であり、市民社会の個々人の心持ちを表し、その社会の枠組みである国家的体制を、各々の利益が、あるいは所有が護られるかぎりにおいては擁護されるものと考えられます。ヒュームは同書第２篇第１部第11節「名誉愛について」の項目で次のように人間本性を捉えています。この叙述は、先の現体制擁護という私達の本性の傾向性を示しているといえます。

「およそ人間本性の性質のうちで、それ自身にもまたその結果においてももっとも顕著な性質といえば、他人に同感する性向、すなわち他人の心的傾向や心持ちが我々自身のそれといかほど異なっていても、いや反対であってさえも、それら他人の心的傾向や心持ちを感情伝達によって受け取る性向、これに勝るものはない。……同一国民の気質や思考性向に見られる大きな斉一性も同一原理に帰せられるべきであって、この類似は、土地や風土の影響から起こるというよりも同感から起こるというほうがはるかに蓋然性に富むものである。」

ヒュームにおいて、人間は利己的存在でありながら、非常に社会的存在であるともいえますし、彼の提示する人間の利己心こそが、理性的あるいは冷静な判断能力をもって、自らの私的利益の自由な追求とその安全な享受の環境構築への有利性を認識する本性であるといえます。そのことは、自己の所有の自明性を保障してくれる法的な枠組み——公共的利益＝国家利益——の堅守を前提とする、当時の商業社会体制の擁護＝重商主義的枠組みの擁護論にも通ずるものとなっていることは否定できないところでしょう。

ここで、もう少しヒュームの人間論と公共（利益）論＝社会的貢献論というアプローチから上記の傍証ともなる考察に移ります。

4　自殺論と公共への貢献

このタイトルは少し奇異に映ると思われますが、漸次皆さんの納得するところとなるでしょう。

ヒュームは小論「自殺について」を1755年には執筆していました。しかしながら、彼自身に無神論者のレッテルが貼られていたこともあり、同論文を含む初期の『五論集』の刊行予定が、「魂の不死性に関する試論」とともに削除され、他の一論文が付加されて『四論文集』に変更された経緯があります。この「自殺について」は1777年には著者名、出版社名ともに伏されて出され、1783年になって初めて彼の名前が明らかにされました。

ヒュームの自殺論の骨子はきわめて明快です。彼は自殺に反対する世間一般の論証、つまりキリスト教的教義に反対して、古代の哲学者たちの見解を再考することを促し、自殺という行為が正当性をもち得ることを主張したのです。付言すれば、ショウペンハウアーは、自らの「自殺について」という同一タイトルの論文のなかで、ヒュームのそれを「自殺を非難する通俗的な論拠を純粋に哲学的に冷静な理性をもって反駁している書物」と高く評価していますし、この試論がイギリスで発売禁止の措置がとられたことに、「イギリスの国民にとっての大いなる恥辱であろう」とさえ述べているのです。

では、少し詳しくその論文の内容を覗いてみましょう。ヒュームは同論文の冒頭箇所で次のように宣言します。

「自殺に反する一切の世間一般の論証を検討することにより、かつまたすべての古代の哲学者たちの見解によれば、この行為はいかなる罪障ないし非難を免れてもよいものであることを示す。」

ヒュームの考察は、自殺が犯罪であるか、またそれは人としての義務違反となるかを私達に問い掛けることから始まっています。

「自殺が犯罪的であるとすれば、それは神か、我々の隣人か、あるいは我々に対してかの義務違反でなければならない。自殺が神に対する我々の義務の違反でないことを証明するためには、以下の考察でおそらく十分であろう。」

このように述べた後、ヒュームは世界と宇宙の物質界と生物界を支配する万能の神の存在を明らかに認め、私達を囲む自然やそこに暮らす生物は、この神性なる一般的法則に従って、自らの進歩と作用を繰り返していると指摘します。そのなかで、「すべての動物は、この世における彼らの行動に関して彼ら自身の思慮と熟慮」をもって、自らの外的対象を変更していく全権をもっているとしています。このことは、私達人間が神意の一般的法則のなかで、自らの思慮と熟慮、さらには判断と分別の能力を行使して社会を指向し、形成した歴史としてみてとれるところです。人間は神によって自らの力のおよぶかぎり自らの存続に努力することは明らかですが、ヒュームはとくに次のような人、つまり「重要な立場にある人」は、神的領域＝神意の一般的法則のなかでも、自らの領分を熟知しているので、そのような人間は自らの生命を自由に処理することができる旨、次のように反語的な言い回しで強調しています。

「私をこの現時点において、この部屋に配置したのは確かに摂理である。しかし私の部署ないし位置を離れたという非難を負わされることなしに、私が適当と思ったときに、その場所を私は離れてはいけないのであろうか。」

次にヒュームは自殺が社会を乱すかどうかを私達に問います。彼はこの箇所で、神が人間本性に植え付けた諸原理としての二つの感情が「自発的な死」＝自殺、あるいは「義務の破棄」と考えられる行為にいかに反応するのかを検証するのです。この二つの感情というのは、一つ目として、自らの行為が有罪であると意識する場合の「悔恨の感情」。二つ目として、有罪であると思われる行為を行う他者をみた場合の彼に対する我々の「非難と否認の感情」、この二つの感情です。それらの感情が次のようなケースの人々に私達が接したとき、あるいはそのような情報を得たとき、どのような反応を示すのかをヒュームは検討していきます。

最初に、「俗世から隠退する人間」。次に、敵方に捕らわれたスパイや捕虜のケース＝公共的利益のために、拷問という惨めさ（自らの弱さを含むのですが）から逃れようとする人間。最後に、死刑囚のケース＝自らの処刑を先取りして自発的に死を選ぶ人間。ヒュームはこれらを次のように説いていきます。

最初のケースでは、人間の義務としての社会貢献を彼らはこれまでに行ってきたという誇りがあります。人間はいかなる状況においても、社会生活の局面では自らの義務として公共への貢献を行うことが自らの生存の価値に関わっていたわけです。従って、「俗世から隠退する人間」は、隠居することによって、社会に対して何の害も与えないし、善行を止めるにすぎない存在となります。確かに義務行使という面からは消極的な存在として自らをみつめることになります。そのとき、彼らの幾人かはこのような消極的な生存の価値という酷な評価に耐えられず、自発的な死を選択する道を選ぶでしょう。この「人生放棄」について、ヒュームは行為者本人が了解し、世間も理解できる行為とし、その行為を、「単に無辜であるばかりでなく称賛に値する」行為として明確に是認するのです。ヒュームにおいて、この種の行為は社会的貢献という義務を遂行し終えた後の、消極的人生を打ち切る潔い行為としてみなしています。さらに、先の二つの感情はその行為に対して反応しないとヒュームは述べています。

次のケースは敵方に捕らわれたスパイや捕虜の場合ですが、このとき拷問などの苦痛から、そしてその悲惨さから逃れるための自殺は、公共的利益＝敵に対して有利になるような、また自国に対して不利になるような言動をとらなかった場合、否認の対象ではなく、さらに自国の利益を損なうようなことをしなかったという勇敢な行為として称賛の対象――あるときは英雄的な存在として――となります。この状況においてもヒュームの提示した二つの感情は働きません。

最後の、自らの処刑を前に、進んで死を選ぶ悪人の場合は、社会全体からみて有害な存在である部分が排除されることになり、公共的利益の維持・増進に寄与したことになり、喜ばれるべき事柄に属します。当然、先の諸感情は機能しないこととなります。

以上のように、ヒュームは三つのケースを挙げて、自殺という行為が公共的利益と義務に一致することを主張したのです。しかし、このヒュームの自殺論を私達は当然鵜呑みにできないでしょう。なぜなら、今日的に考えて、少子高齢化社会に直面して定年を迎えた多くの人々がヒュームの強調する自発的な死＝「人生放棄」を選んだとすると、例えばの理由ですが、年金をこれ以上若者世代の負担とするのは忍びないというような気持ちから死を選んだとすると、もしかしたら、社会保障負担の軽減という公共的考慮に立った立場としてある程度評価されるかもしれません。しかしながら、本当にそう言い切れるでしょうか。自らの肉親が隠居の身になったからといって、私達家族はその身内の死を望んだり、その選択を尊重したりするでしょうか。決して、そのような発想には辿り着かないし、考えもしないことでしょう。従って、現代社会においてヒュームの自殺論が正当性をもちうるかというと否定しなければならないでしょう。

ヒュームの自殺論が、公共社会という枠組みを維持し、護る方向性をもっていることは、個人の自発的な死への選択が肯定されるという観点からしても、個人よりも公共的利益社会への優位性を私達はみてとれるところです。この議論は、どこかストア哲学的な「自然に合致した生活」を想起させるような色合いをもっています。その世界では個人の自由な行為よりも摂理を理解し、どうその秩序に従って生きていくのかという息苦しささえ想像させられてしまうところです。ヒュームの自殺への考察は、社会的効用という尺度で計られていたものではないかという疑念さえ抱いてしまいます。

スミスがストア哲学のそのような部分――まさにエピクテートゥスの「自発的な死」――を、『道徳感情論』第6版第7部の追加箇所で批判していたことを私達は思い出さなくてはならないでしょう。というのは、これまでに多くのスミス研究者――ボナー、エクシュタイン、グラーズゴウ版編者――たちがスミスの自殺論批判はヒュームへの応答であるとする同一見解を表明しているからです。では、スミスはストア哲学批判とヒュームの議論にどのような思索的同一性を見出したのでしょうか。

5　ヒュームとストア哲学

スミスがストア主義者の自発的な死への正当性を批判する内面に、どのような形でヒュームが、あるいはヒュームらしき姿が存在していたのかを簡単ではありますが探っていきましょう。

先に触れたとおり、ヒュームの名を直接取り上げるということはスミスはほとんど行っていませんが、ヒュームの『自伝』に付された彼の「ストラーンへの手紙」(公刊を意図して書かれた弔辞)はヒュームの人間性への尊敬に満ちたものでしたが、次の記述が後に宗教・教会関係者から攻撃を受けることになります。

「……まとめていえば、私はつねに彼を、人間の脆弱な本性が許すかぎりにおいて、完璧に賢明でかつ有徳な人間というものの理想に、可能なかぎり近づいている人であると、彼の生前においても死後においても考えてきたし、今もそのように思っています。」

この文章のどこが教会関係者の逆鱗に触れたのかといえば、例えば、「完璧に賢明でかつ有徳な人間」という叙述でしょう。そこに、彼らが心外なものを感じたのは事実です。ヒュームという人物はこれまでに概観してきたように、人間精神の解剖学者として、また自然哲学的な経験主義、すなわち経験と観察さらに実験を道徳哲学の領域に導入しようと試みた先駆者ではありますが、その試み自体——とくに彼の処女作である『人間本性論』への評価——、懐疑的であり、啓示宗教を排除する無神論者としての烙印を押されたという過去をもっているわけです。そのヒュームが友人スミスによって、つまり無神論者ヒュームが信仰をもたずして、「有徳な人間というものの理想に、可能なかぎり近づいている人」と賛辞されたということはあってはならないことなのです。私達の日常生活においても本当に稀にしか人間として模範的な言動が一致している人はみかけないし、現代の日本人の多くは神の存在など信じていません——ちなみに、アメリカ人の場合、90パーセント以上の人が信じているそうです——のですから、スミスのこの叙述は故人への餞として受け取った方が妥当であるといえましょう。

これまでに宗教への考え方、そしてキーワードとして「有徳な人間」の問題が浮上しましたので、この線でスミスとヒュームの思索の相違を追っていきましょう。

まず、スミスは宗教全般は自然的義務の感覚を強化するうえで有効である旨を自らの著書『道徳感情論』の初版から指摘していました。次の彼の言葉が端的にそのことを語っています。

「宗教は、そのもっとも粗野な形態においてさえ、道徳性の諸規則に対して聖化を与えたのであり、それは人為的な推理と哲学の時代よりも、ずっと前であった。」

ですから、これは宗教に対する肯定的態度をスミスが保持していたことを意味します。また、「生気と男らしさ」をもったストア哲学や古代の哲学的諸論証と「若干の現代〔当時〕の体系の、悲観的で哀れですすり泣く調子」（〔　〕は引用者）をもった諸論証を比較した場合、スミスが前者への好意を抱いていたのも事実です。さらに宗教が人々にある一定の義務を課すことによって有徳な行為へ一般大衆を導こうとする姿勢についても、彼は一定の評価を下しています。

後にスミスの道徳哲学は取り上げますが、スミスの「有徳な人間」への考察を簡単に記すとすれば次のようになるでしょう。スミスのいう「完全に有徳」な人間は、完全な自己規制と鋭い感受性とのバランスに裏打ちされた行為を体現できる人のことです。とはいえ、完全にそれを実行することのできる人は希有です。その事実をスミスは踏まえたうえで、通常の人間は人間本性の弱さをもっているがゆえに、またたやすく何らかの感情に動揺させられる要因をもっているからこその人間らしさを人間本来の姿として述べています。ですから、自然的諸感情の経路を歪めるようなことがあった場合、私達人間は人間本性の完成――完璧ではありませんが――に到達できないという内容の言及もあるところです。スミスは、宗教の道徳的行為への誘因――導き手――としての有用性を指摘しているといってもいいでしょう。

では、ヒュームにおける宗教に対する考え方と「有徳な人間」へのアプローチはどのようなものだったのでしょう。

すでに私達はヒュームの「自殺について」でみてきたように、彼の小論は自殺に反対する一切の世間一般の論証、換言すれば、キリスト教――啓示宗教一般――への批判という立場をとっていました。ただ、ヒュームが神的存在のすべてを否定していたわけではないことは事実です。その証拠として彼自らを「古代の哲学者たちの見地」に置くことを述べています。となれば、対立すべき相手は啓示宗教一般であって自然神学的態度は守っていたことになります（神学論争に深入りすると複雑さを増しますので切り上げます）。

では、ヒュームはどのように人間の有徳さを考えていたのでしょうか。ここでも先の自殺論のなかで示した重要な役割を担った人々とあとの三つのケースを想起すると解答が出てきます。ヒュームは重要な地位にある人——重要ということは社会的に重要なポストにいる人のことであると理解して間違いないでしょう——の決断を尊重していました。また、「俗世から隠退する人間」＝社会的貢献をする立場から隠退する人間の世間的消極的評価を、自ら嫌う人たちの人生放棄を肯定的に評価、称賛さえしていたのを私達は覚えています。そして、その価値尺度がどうも公共的有用性への個人の働きかけ——全体へのメリットになるか否か——ではなかったかということです。このように考えると、ヒュームの人間類型区分のなかには、ストア主義者的な二分類——賢者と大衆——に近似した思考があったのではないかと推察できます。

ヒュームが上述のように、有徳な人間を評価しているポイントは次のようになります。

有徳な人間であれば、自らの社会的有用性を自覚・認識し、そのように判断し、行動します。従って、もし、自らがその目的にそぐわなくなったとき、ストア哲学の神の「退却の合図」と符合するように思われますが、自らが「生存を諦める」＝自発的な死を決断するということとなるでしょう。その行為は思慮と勇気をもち、あらゆる状況——危険や悲惨さをも含めて——から効果的に己を解放するのです。とはいえ、ヒュームもストア主義者と同様に、人間は死に対する本性的恐怖がたいへん大きいので、一般大衆の小さな動機から自発的に死を選ぶという行為は臆病からなされるもので、そのような自殺を一つの犯罪であるとしています。ですから、一般大衆の自己を統御できない行為、同じことですが思慮分別に欠ける行為は、自らの義務を遂行できない、公共的利益を考慮しない行為として、徳ある行いという領域には入らないことになります。

これらから明らかなように、ヒュームの見地がきわめてストア的賢人の精神に近いところに、あるいは彼の精神の基底に何らかのストア主義的世界観がうかがえるのではないでしょうか。

すでに指摘したとおり、ヒュームの自殺論は当時の世間の諸論証——キリスト教――を明らかに論難する意図からの自殺――自発的な死――の肯定論であったといえます。そのとき、ヒュームは彼自らが生活している当時の活気に溢れた商業社会を念頭に置いていたのかというと少々疑わしいと思われます。ストア主義的発想はあくまで、自らにいつ何どき降りかかるかもしれない諸困苦に思いを巡らし、想像し、自らをその困苦へ慣らし、無感動を会得することによって自発的な死という選択肢の必要性を説いたのですから、18世紀の社会環境とは隔絶した人間本性の処置の手法であったといえます。一方、スミスは全般的に宗教の効用を是認し、ストア的死生観――自発的な死の適宜性――については、自らの「自然の原理」を用いて、彼らの哲学論証を自然についての一方的で不完全な見解から引き出されたものであると批判しています。次のスミスの『道徳感情論』第6版第7部増補の記述もそのことを述べています。

「いかなる自然の原理も、想定された公平な観察者の明確な是認すなわち胸中の人の判断への、いかなる顧慮も、我々に対して、自分たちを滅ぼすことによりそれ〔＝死滅する危険性〕から逃げることを、要求するとは思われない。」（〔　〕は引用者）

ヒュームの人間本性と社会効用性への気づきの考察と、スミスのそれらへの考察の手段はどのように異なったものであるのでしょうか。私達はスミスを通して、近代商業社会＝近代市民社会の個人としての人間本性のあり方と社会形成への関わりを、これから僅かながら検証していくこととします。

14講　スミス (1723―1790)

アダム・スミスについては、多くの紹介を必要としないでしょう。とはいえ、簡単に彼の生涯をトピックス的に繙くことによって、まずは人物像を探ります。

1　スミスという人

アダム・スミスは1723年にスコットランドはエディンバラから約10マイル離れた港町カーコーディで生を受けましたが、正確な誕生日は不明とされ、教会での洗礼日――6月5日――を私達は誕生日として便宜上使っています。付言すると、近代マクロ経済学の父であるケインズの誕生日と同じなのです。スミスの名前は父親――当時、その町の税関監督官の職にあった――と同じです。彼は自らの誕生の前に父を亡くしています。従って、母マーガレット・ダグラスと彼女の伯父の庇護の下に成長していったのです。

スミスの生涯は非常に穏やかなものであったといわれていますが、彼の人生のなかで最大の危機、いや経済学の世界にとって最大の危機と呼べる事件が彼の幼少期に一つ起こっています。諸説あるので確かなことはいえませんが、ジョン・レーの『アダム・スミス伝』に詳しいところです。彼が3歳のとき町にあるサーカス団がやって来ました。当時のサーカス団というのはジプシーであり、各地を転々として生活をしているので、どこかへの移動の途中ということもありますが、一説には、スミスはそのサーカスの出し物が気に入り、母が目を離した隙に、ジプシーの一行に付いていったともいわれています。あるいは、ジプシーの女がスミスを抱え去ったともいわれていますが、いずれにしろ、誘拐事件に近い形でスミスの姿が消えたということです。幸いにして、早い時点で彼の伯父が捜索隊を組んで、彼らの一行に追いつき取り返して事なきを得たということです。もし、スミスがこのとき消息を絶っていたら、私達は古典経済学の父としてのスミスを歴史上みることができなかったでしょう。また、彼はとくに幼少の頃身体が弱く、そのうえ、放心癖や独り言の癖があったといわれています。

スミスは1737年にグラーズゴウ大学に入学し、ここで運命的な出会いをすることになります。とくに彼の研究全体に影響を与えたのは、生涯の恩師フランシス・ハチスン——道徳哲学教授——であり、彼をとおしてシャフツベリのモラル・センスの思想を学んだのです。また、ハチスンの先進的な見地や印象的な講義——当時は、ラテン語で行われるのが通常でありましたが、英語で自らの講義をした等——からも彼は刺激を受けました。そのほかにも、ギリシア語教授のアレキサンダー・ダンロップ、数学教授のロバート・シムスンから多くを学んだのです。

スミスは1740年にスネル奨学金——将来、聖職に従事する義務をもつ——を受け、イングランドのオックスフォード大学ベリオルカレッジへ6年間留学しました。当時の状況をスミスは『国富論』第5篇のなかで次のように告白しています。「オックスフォードの大学では、正教授の大半はここ多年にわたり、教えるふりをすることさえ、すっかり止めてしまっている」と、イングランドの教育、教師の権威荒廃ぶりを批判しています。従って、スミスは母親に、もし勉強をして体を壊すということがあるなら、それは自分自身の責任であり、大学の講義においてではない旨の手紙を書き送ってもいます。そのような状況であったから、スミスは大学図書館に入り浸り、古典作品の多くやヒュームの『人間本性論』を読み、独学の日々を送っていたといわれています。

スミスは1746年に故郷に帰り、失業の身でありましたが、1748年にヘンリー・ヒューム――後のケイムズ卿――に雇われ、エディンバラ公開講義を行ったのです。その評判が彼を母校グラーズゴウ大学の教授――初めは論理学、後に道徳哲学――のポストへ導きました。在職中に『道徳感情論』(1759) を著しています。そして彼は1764年にその職を辞し、若きバックル侯の家庭教師として若い雇い主とともにヨーロッパ大陸を遊学することになります。とくにフランスでは、ヒュームの紹介もあり多くのフランス啓蒙思想を担った知識人、重なるけれども重農主義思想家――フランソワ・ケネーを始めとして――たちに出会うことによって、多くの思索的刺激を受けたといわれています。そのなかには『国富論』の着想に関わるものもありました。1767年6月に再び故郷に帰り、『国富論』の執筆に取りかかりました。しかし、当時の時局――アメリカ植民地の情勢など――にも影響され、また彼自身の関心も手伝って、同書が公刊されたのは1776年3月でした。この著作の成功は、彼に多くの政治的助言者としての立場を与えたことも若干付言しておきます。当時の首相ウィリアム・ピットが「我々はすべてあなたの生徒である」とある席上で述べたということです。

スミスは、生涯に2冊の著書、繰り返すまでもありませんが、『道徳感情論』と『国富論』の2冊を残して1790年7月にこの世を去っています。彼は死期が近づくと遺言執行人に草稿類の焼却を頼み、彼の死後、彼自らが刊行を許可した『哲学論文集』が1795年に刊行されました。すなわち、スミスが自らの意志のもとに私達に残してくれた著書は僅か3冊なのです。ただし、後になって、グラーズゴウ大学時代の講義を記した学生ノートの発見により『法学講義』が、やはり同様に『修辞学・文学講義』がスミス研究の発展に貢献しています。この事情はやはりスミスの性格によるものといえるのではないでしょうか。つまり、完成品としての著書、あるいは明確に自らの主張が展開されている著書、人々に誤解を与える可能性の低い、ということは自らの論理が明解に読者に届くそのような完成度の高い――志が非常に高くないと、さらに力量が相当ないと不可能ですが――作品を後世に伝えたかったとはいえないでしょうか。とすれば、私達が本当に著者の真意を安心して探究できる著書は生前に刊行された『道徳感情論』と『国富論』の２冊――ただし、度重なる改訂を行っていますが――ということになります。

さて、私達は古典経済学の父と呼ばれる、一つの近代商業社会＝近代市民社会の到達点としての彼の思索をとおして、人間本性と社会、とくに商業社会の展開とその社会環境のなかから生起する諸問題と人間の姿――あるときは現実の姿、またあるときは理想の姿として現出しますが――をこれから探っていきましょう。

まず、スミスの人間行動原理の解明のための書、現代的にいえば行動社会心理学的書である『道徳感情論』の核心である同感の原理分析を始発点として、さらなる諸問題に立ち向かいましょう。

2　同感の原理――人間本性と社会

スミスの『道徳感情論』第１部第１篇「同感について」の冒頭は、ヒュームの人間本性把握のときに提示しましたが、私達はもう一度その段落をみておきましょう。

> 「人間がどんなに利己的なものと想定されうるにしても、明らかに彼の本性の中には、いくつかの原理があって、それらは、彼に他の人々の運不運に関心をもたせ、彼らの幸福を、それを見る喜びの他には何も、彼はそれから引き出さないのに彼にとって必要なものたらしめるのである。この種類に属するのは、哀れみまたは同情であって、それは我々が、他の人々の悲惨を見るか、大変いきいきとしたやり方でそれを考えさせられるかするときに、それに対して感じる情動である。我々がしばしば、他の人々の悲しみから、悲しみを引き出すということは、それを証明するのに何の例も必要としないほど明白である。すなわち、

この感情は、人間本性の他のすべての本源的情念と同様に、決して有徳で人道的な人に限られているのではなく、ただそういう人々は、おそらく、もっとも鋭い感受性をもって、それを感じるであろう。最大の悪人、社会の諸法のもっとも無情な侵犯者でさえも、まったくそれをもたないことはない。」

スミスは前提として、人間の利己的な側面を容認し、さらに本性のなかに「いくつかの原理」があることを認めています。そのなかで、私達が社会的存在であることの論拠として他者の運不運、つまり他者が遭遇する様々な場面を気に留め、その人の気持ちを考えるという情動＝同感の原理の存在をスミスは明確に示しています。その他者の気持ちを考えることとは、「我々が、彼の諸感情がどうであるかについて、何かの概念を形成しうるのは、想像力だけによる」とスミスは述べて、次のように想像力による当事者の立場の感情を推察する旨を強調しています。この例は、自らの兄弟が拷問を受けている状況を考えているのですが。

「想像力によって、我々は我々自身を彼の境遇に置くのであり、我々は自分たちが彼とまったく同じ責苦をしのんでいると考えるのであり、我々はいわば彼の身体に入り込み、ある程度彼になって、そこから、彼の諸感動についてのある観念を形成するのであり、そして程度はもっと弱いがまったくそれらの感動に似ないのでもないものを何か感じさえするのである。」

スミスは、他者、すなわち主要当事者のなかに生じる情念がどんなものであろうとも注意深い観察を行うことによって、「類似の情動」が自らの心にわき起こることから私達が同胞感情を共有していることを指摘するのです。とくに同感がその当事者の情念をみることからもそれをかき立てる、すなわち彼の遭遇した状況をみることによって起こるとしています。

さらに、同篇の最後に、私達が社会――この場合は国家共同体をも含む――を必要とし、その社会を形作る方向性を模索する存在として、ある共通の想像力が私達の感情に働きかける旨、スミスは次のように述べています。

「人間本性におけるもっとも重要な諸原理のひとつである死への恐怖が生じる。それは、幸福に対する大きな毒であるが、人類の不正に対する大きな抑止力であって、個人を悩ませると同時に、他方では社会を防衛し保護するのである。」

スミスが指摘するように、「死」は生きていくうえで私達が避けてとおれない運命であり、例えば、ガンを医者から宣告された当事者であれば、死を恐れるという感情が起こっても不思議ではないでしょう。また、私達がその本人の立場に身を置く——想像上の立場の交換——ことによって、本人にはおよびませんが、同様に死への恐怖を抱くことは間違いありません。

このように死に対する感情は私達を悩ませ、「幸福に対する大きな毒」＝障害であるのは事実ですが、ここでスミスがより重要であると考えているのが、「人類の不正に対する大きな抑止力」であり、私達個々人が「社会を防衛し保護する」ようにしたいという感情をもつということでしょう。前者の意味は次のようなことでしょう。死に繋がるような不正といえば殺人が想起されます。私達が何の理由もなく他者の手に掛かって殺されるとしたら、この行為こそ当事者として恐怖のどん底に落とされるものと私達は直感するでしょう。いかに鈍感であっても命を落としたくない——これまでの生活を続けていきたい——という思いを抱くのが当然でしょう。生命の危機、すなわち死は、私達に今後の希望を与えないものとしての壁ですが、殺人という行為を嫌な、否定すべき行為であるとみなす感情——否認の感情——を私達が共有することによって、その行為を法的、道徳的な立場から「不正」とみなすようになるのです。相互の同様な感情が、死という恐怖を防ぐ、すなわち個々人の生活を防衛するという意味からも、犯罪行為を防ぐ仕組み作り＝社会環境の整備とその維持が私達人間の営みの重要な一つということになります。

ここで振り返っておきたいのが、ヒュームの利己心と社会の関係と、スミスの上述の思索との相違です。

ヒュームは利己心と限定された寛容さ、そして共通利害の一般的感覚を人間本性の基本に据えました。そのなかで、私達の利己心は自らの利益の追求、すなわち利益増進としての財産の安全所有とその保障の確保＝公共的枠組みの確からしさ（＝国家制度の安泰）を共通の目標として、個々人が自らの共通利害の一般的感覚から同感する構図を描き出しました。増大する所有（利益追求の結果として）の安全という尺度で、社会形成を考える方法はロック的な契約社会の設計図と非常に似通っています。ヒュームが「黙約」と表現したこと自体、個々人が不文の法の根幹——ここでは社会の効用性——を自然の成り行きのなかで互いに自覚してきたことを意味するでしょう。

一方、スミスは利己心とともに同感の原理を人間本性諸原理から核として抽出し、行為原理としています。ホッブズと同様、といってもスミス自身は闘争状態を想定しているわけではありませんが、スミスは、ホッブズが平和を求める人間の欲求として摘出した死に対する恐怖への感情に注目し、その恐怖心という感情への相互的同感が成立し得ること自体を社会形成の中心に据えています。ホッブズが人間相互の死への恐怖を回避する方策を理性による自然法の発見に求めたのとは異なって、スミスはあくまでも感情レベルでの社会形成を追究するとともに社会的存在としての人間の商業社会の適正なあり方を究明しようとしたといえます。

次に『道徳感情論』第２部第２篇第３章「自然のこの構造の効用について」の箇所で、社会がいかに機能しているかという点で、『国富論』のなかに登場してくるパン屋と肉屋の営み——慈愛的結びつきではなく、各人の利害的行動——を彷彿とさせる叙述をスミスはしています。

「社会は、様々な人々の間で、様々な商人の間でのように、その効用についての感覚から、相互の愛情または愛着がなくても存立しうる。そして、そのなかの誰一人として、互いに何も責務感を感じないか、互いに感謝で結ばれていないとしても、それは、ある一致した評価にもとづいた、善行の金銭的な交換によって、依然として維持されうるのである。」

このように社会の人間相互的関係としての経済的行為に等価交換のルール

＝商取引上のルールさえ守られていれば、私達は相互に「相互の愛情または愛着がなくても存立」するという事実はよく認知されているところです。しかしながら、次の事情は社会にとって壊滅的要因になることを次の段落の初めで強調するのです。「社会は、しかしながら、互いに害を与え侵害しようと、いつでも待ち構えている人々の間には、存立しえない」とスミスはいいます。さらに、社会は慈恵はなくとも存立しえるけれども、正義がなくては社会は一瞬にして、先程のスミスの発言ということになりますが、破壊されてしまう事態に陥ってしまうのです。すでにみてきたように殺人という生命を危機にさらす、生存権の侵害には殺害されそうな当事者でなくとも恐怖という感情を命ある者として互いに抱くところです。スミスは、侵犯する者へ私達が抱く感情を「憤慨と憎悪」というわかりやすい語句で示してみせます。そして、慈恵的行為は建物に例えると装飾美として機能――ロビーが開放的であるとか、廊下は大理石でできている等――しているものであるとスミスは述べ、次に正義を建物の大黒柱に例えてその重要性を指摘します。

「反対に、正義は、大建築の全体を支持する主柱である。もしそれが除去されるならば、人間社会の偉大で巨大な組織は、一瞬にして崩壊して諸原子になるにちがいない。その組織は、この世でそれを打ち立て、それを維持することが、そういってよければ自然の特別で愛情に満ちた配慮であったように思われるのである。だから、正義を守ることを強制するために、自然は人間の胸のなかに、それの侵犯にともなう、処罰に値するという意識、相応な処罰への恐怖を、人類の結合の偉大な保証として、植えつけておいたのであって、これが弱者を保護し、暴力を挫き、罪を懲らしめることになるのである。」

私達が不正な行為に対して抱く「憤慨と憎悪」の感情こそが、正義の基盤であることをスミスは的確に述べています。となれば、ヒュームが主張していたような大目的としての社会的効用を優先する人間本性――共通利害の一般的感覚から導出される同感――ではなく、スミスの社会形成原理としての人間本性は個々の人間の感情の統合＝同感として把握されるところです。そのことを同章の次の叙述が証明しています。

「個々人に対して犯された諸犯罪の処罰に、もともと我々の利害関心をむけるものが、社会の維持への顧慮なのではないということは、多くの明白な考察によって証明されうる。個々人の幸運と幸福に対して我々がもつ関心は、普通の場合には、社会の幸運と幸福に対して我々がもつ関心から、生じるのではない。……諸個人に対する我々の顧慮は、集団に対する我々の顧慮から生じるのではなく、双方の場合に、それを構成する様々な個人に対して我々が感じる個別的な顧慮から、集団に対する我々の顧慮が合成され、つくり上げられる。……我々に対してなされた悪事について、処罰を要求するのは、社会の一般的利害への関心からであるよりも、侵害を受けたまさに個人への関心からなのである。」

3　同感は人間が対象

私達は同感をどう捉えたらよいのでしょうか。これまでのスミスの同感の原理では相手の立場への想像的移行によって、当事者の気持ちを推し量ることを述べてきました。よく私達が相手の立場に立って物事を考えなさいといわれることを思い出してみてください。例えば、最近、企業の新入社員研修に積極的にコミュニケーション能力を高める講座を設けるのも、そのような他者の立場に立って日頃から物事を考えることをしなくなったことが一因としてあるでしょう。またこれまで、人との会話や出会いを経験せず、パソコンの画面ばかりみていたとすると当然のことながら、対人関係を築くのが苦手ということになるでしょう。

さらに、私達は日常で、次のような出来事も経験してきたと思います。なぜ多くの人々がブランド品や流行品——バック・財布・時計等——を入手しようとするのでしょうか。そのような彼らはどのような感情をもってそれらの品々を買い求めるのでしょうか。単に、その品物をもつということが金持ちのステイタス＝身分として、あるいは上流の証としての場合があるでしょう。当然、自らを他者に対して良くみせようという欲求が働くのです。このような消費行動は見栄を張るという言い方や、虚栄心と表現してもいいでしょう。ただ、このように人間に特有の行動をスミスは、『道徳感情論』第４部第１篇「効用があるという外観が技術のすべての作品に付与する美しさについて、そしてこの種の美しさの広範な影響について」というところで、私達がなぜ上流の人々に憧れるかを鮮やかに指摘しています。その要旨は次のとおりです。

上流の人々の持ち物、邸宅、その庭園、馬車等のその明らかな便宜性はすべての人に強烈な憧れの対象としての印象を与えます。そしてそれらの便宜品がその持ち主に提供する能力から彼の満足を同感によって享受し、それに対して喝采したり驚嘆したりするのです。一方、多くの人がもっているつめ切りや耳掻きはどうでしょうか。確かにそれを所有する人が感じる満足を同様に感じることになりますが、そのような日常的な感情に私達は進んで入り込もうとはしません。まさに、そのような日常品は、富と地位の素晴らしさに比べると「虚栄の種」としては妥当性が少ないのです。私達人間には、「差別への愛好」を満足させようとする性向があります。自らが身を置く階級や集団のなかで、ほかの人と自分は違うということを強調したいという欲求を私達はもっているのです。その行為は、先程述べた自らが所属している階級や集団の人々にみせびらかすことによって、自らの優越性を誇示しようとして、別言すれば自尊心を満足させるという行為として説明されるところです。スミスは次のように私達の上記の性向の真意を解明してみせます。

「なぜなら、この場合に我々はつねに、他のすべての場合においてと同様に、主要当事者の諸感情に対してよりも、観察者の諸感情に多くの顧慮を払い、主要当事者の境遇が彼自身にどう見えるであろうかよりも、他の人々にどう見えるであろうかを考察するのだからである。しかしながら、もし我々が、観察者がそのような感嘆をもって、富裕な人々や上流の人々の状態を差別するのはなぜであるかを検討するのであるならば、それは、彼らが享受すると想定される優れた安楽または快楽のためであるよりも、この安楽または快楽を促進する無数の技巧的で優雅な工夫のためである、ということが分かるであろう。彼は、彼らが他の人々よりも本当に幸せであるとは想像さえしないが、彼らのほうが、幸福のための手段を多く持っていると想像する。そして、それらの手段を、それらが意図された目的に対して、独創と技巧をもって調整したことが、彼の感嘆の主要な源泉なのである。」

ここで皆さんに気づいてほしいのは、上記のようにブランド品をもつ人は何を重視しているかということです。スミスは別の例え話も私達に提示します。まったく遅れることなく、正確な時刻を示す懐中時計をもっている紳士は当然のことながら、１日に２分以上遅れる懐中時計を軽蔑します。しかし懐中時計の唯一の用途は一体何でしょうか。それは今何時であるかを私達に知らせることであり、約束やある不便――列車の発車時刻等――をこうむったりするのを防ぐことにあるはずです。また、正確な時計をもっている人がみな細心な人物ということもありませんし、１日のなかで何時であるかを正確に知ることに強い関心をもっているということもないでしょう。では、何が彼をして１日に２分以上遅れる懐中時計を軽蔑させるのでしょうか。それは、すなわち、時刻を知るために役立つその機械の完全性にあるというのです。ということは、その紳士は時計から私達が通常得る便宜性＝効用性とその機械の完全性を混同しているということになるのです。スミスはその現象を次のようにまとめています。

「この適合性、技術の何かの作品がもつこの巧みな工夫が、しばしば、それが意図された目的自体よりも高く評価されるということ、そして、何かの便宜また快楽を達成するために、手段を厳密に調整することが、しばしば、それを達成するという点に諸手段の値打ちのすべてが存すると思われる、当の便宜または快楽よりも尊重されるということは、私の知るかぎり、これまで誰によっても注目されなかった。それにも関わらずこのことがきわめてしばしば事実であるということは、人間生活におけるもっともつまらぬ事柄と、もっとも重大な事柄との双方の、多数の実例において観察されうる。」

上記の事柄を換言すれば、目的と手段の転倒といってもいいでしょう。もっと身近な話でそれでいて考えさせられる——現代の問題ですが——目的と手段の転倒の話をしましょう。例えば、私達は誰もが幸福（=目的）になりたいと思っています。その幸福を手に入れるためにはまずお金を稼がなくてはなりません。当然、私達は財産を増やすことが幸福への道（=手段）であると考えます。しかし、あるときから、財産を増やすことが目的となり、幸福になりたいという気持ちがどこかに追いやられるか、あるいは自分の眼前から消え去るということがあるでしょう。このようにいつの間にか、目的であったはずの「幸福になりたい」という気持ちはどこかに置き去りにされ、お金を稼ぐという幸福への手段が目的化していくのです。上述のスミスの言葉を借りて言い換えましょう。お金を稼いでいくという過程が預金通帳の数字として表れます。通帳の数字が「厳密に調整」され、幸福になりたいという「当の便宜または快楽よりも、尊重される」結果となるのです。

上述の内容を少し整理しましょう。私達は上流の人々の快適な生活、すなわち彼らの便宜であったり、快楽を想像して、自らがそのような生活を送れたら彼らと同じような気持ちになるであろうと想定します。つまり、私達は彼らの立場になってその諸々の感情に入り込もうとするわけです。しかしながら、私達の欲求は「差別への愛好」という性向をもち、上流の人々に同感することから逸脱し、同じ階級や集団のなかでの他者の眼を気にします。そしてその表現として、上流階級の人々や有名人と同じ所持品を手に入れるか身につけることによって、虚栄心から、つまり、見栄からその品々をみせびらかすのです。この場合、その品々の便宜や有用性から受ける諸感情が主目的ではないのです。

先程のスミスの言葉のなかに出てきた「私の知るかぎり、これまで誰によっても注目されなかった」というこのような点を主張した人物のことを、

「独創的で気持ちのいい一人の哲学者」という紹介をしながらスミスは同箇所で批判しているのです。その人物こそ、ヒュームであるといわれています。ヒュームは私達が同感によって社会の有用性＝公共的利益へ貢献すると主張していました。それは社会の利便性を知っているからこそ、またその利便性から利己心の拡大への保障を自覚するからこそ、人間が社会形成を指向したという論理となって表されました。スミスの諸感情の同感は、すでにみたとおり、個々人の同感感情にあり、社会形成の源泉として個々人の憤慨感情が正義概念を形成するとしていました。ということは、スミスの同感は直接的に対人間であり、一方、ヒュームのそれは対社会的効用であったわけです。となれば、ヒュームの同感はあくまでも社会の有用性を前提とした、より端的にいえば、予めその利便性――国家の体制であれ政治制度であれ――を知ったうえでの同感＝他者もその効用を知っているはず、という感情だったのです。そのことは、政治機構を巧みに美しく設計すること＝有用な社会構築の過程が優先されて、本当に個々人の幸福の増大をその社会が一義的に果たして考えていることになるのか、というスミスの批判を引き出したのです。

> 「統治のあらゆる構造は、それらが、それらのもとで生活する人々との幸福を促進する傾向をもつのに比例してのみ評価される。このことが、それらのものの唯一の用途であり、目的である。しかしながら、一定の体系の精神から、技術と工夫への一定の愛好から、我々は時々、手段を目的よりも高く評価するように思われるし、我々の同胞被造物の幸福を、彼らが受難あるいは享受しているものごとについての、何か直接の感覚または感情からよりも、むしろ、一定の美しく秩序ある体系を完成し改良したいという観点から、熱心に促進しようとするように思われる。」

以上のことから、スミスはヒュームが指摘した社会の有用性＝「統治のあらゆる構造」への評価という感情への同感を、個々人が各々の感情を相互に伝達することによって起こる「同感」とは異なること、さらに社会形成原理としての真の「同感」を明確に論証したといえるでしょう。

私達はお互いの感情交流——同感——を通じて、社会を造り上げてきたのです。

スミスが目的と手段の転倒ということを指摘しているといいましたが、そのこと自体は人間にとって決して悪いことではない旨も述べています。この項の最後に紹介しておきます。

> 「自然がこのようにして、我々を騙すのはいいことである。人類の勤労をかき立て、継続的に運動させておくのはこの欺瞞である。」

この表現を理解するのに、難しい事例はもう必要としないでしょう。多くの人々がブランド品を買うということは、それを買うために一生懸命働き、その収入を出費することはGDPの増大に大いに役立っていることを。

4　適正な行為とは——同感への努力

今の私達は、日常生活のうえで法を犯さないかぎり、警察のご厄介になることはありません。このように、私達が正義を犯さないという行為をとっている以上は——例え、自室に引きこもっていても——、法的に悪いことをしているという非難を誰からも受けることはないのです。とはいえ、もし、自室に一日中こもっている、あるいはすでに就職をしている年齢にも関わらず無職でいた場合、私達はそのような人にどのような感情をもつでしょうか。きっとそのような人物に対して、「怠惰な奴」とか「自立心がない」、あるいは「甘えている」などとモラトリアムな状況に対して、呆れと怒りにも似た感情をもつかもしれません。

さらに、私達の生活環境の様々な面を少し取り上げてみましょう。例えば、次の光景はどうでしょうか。あなたは通学に電車を使っているとします。ある日、あなたはある少年が老人に席を譲るという場面を目撃しました。あなたはその少年に対してどのような感情をもつでしょうか。あなたはこう考えるかもしれません。まだ小学6年生くらいなのによく気がつく、そしてなんて老人に優しい子なのだろうか、と感心するかもしれません。自分でもすぐには決断できないのに、と。また、少年から席を譲ってもらった老人も笑みを浮かべながら、「ありがとう」と素直に感謝を表している姿をみて、その老人の感謝の気持ちも至極当然の反応だなあ、と思うでしょう。車内では誰も少年を褒める人はいませんが、またあなたもその少年に声を掛けることはできないにしても、心温まる情景にその日が何か充実したものであったという気持ちになったこともあるかと思います。

一方で、次の光景はどうでしょうか。例えば、突然友人Ａが友人Ｂに校庭で殴りかかっていった、まさにその瞬間だけをみたとしましょう。きっと、あなたは即座に殴りかかったＡの蛮行に腹を立て、彼の体を押さえに走り寄るかもしれません。この状況から瞬時にＡの暴力を非難し、手を出していないＢをかばうかもしれません。

私達の日々の生活場面では、即座に法が行使されることはほとんどありません。まさに、このように私達は法的世界に属しながら、いわゆる倫理的世界――他者との関わり合い――で暮らしているのです。幼少の頃から、家庭において躾けられ、またある人は信仰をもつことで、自らの行動を律してきたといえます。そして、様々な状況に直面することによって、別言すれば、経験を積むことによって、適宜、自らの発動させる言動のなかで何を選択するかを判断してきたはずです。例え、考えていなさそうにみえても僅かな時間の間に、あらゆるこれまでの情報が思考回路を駆け巡っているといえます。

上述の日常的なケース――引きこもり、ニート、席を譲る行為、友人の暴力を目撃する等――においても、私達はすぐにそれぞれのケースが抱えている真相を探ることはできません。引きこもりはその背景に学校でのいじめという問題を抱えているかもしれませんし、暴力をふるった友人Ａもこれまで友人Ｂに大いに迷惑をかけられていての結末かもしれません。従って、私達は日常生活のなかで状況に応じた判断をしていくうえで、その状況の背景という情報も入手してからでないと決断を下すことが困難な場合もあるわけです。ですから、いかに相手の立場に立って物事を考え、当事者の心を思いやるかが大切です。しかし、あるときには彼の心を推し量りかねるときも出てくるでしょう。スミスは、日頃の人間の同感感情に利己的なものが必ずしも介入していないことを『道徳感情論』第１部第２篇で次のようにいいます。

「同感の原因が何であろうとも、また、それがどれほどかき立てられようとも、我々の胸の情動について、他の人々のなかに同胞感情を観察する以上に我々を喜ばせるものはない。また我々はその反対の外観によって受けるほどの衝撃を、決して他には受けることがないのである。」

このように、私達は相手のうちに自らと同じ感情を見出して喜び、それ以外のとき、例えば相手の感情に同意できない、ついていけないときには不快な感情をもつことになります。スミスは同感の基本的対応をこのように述べたうえで、次のように続けます。

「主要当事者の本源的諸情念が、観察者の同感的諸情動と完全に協和している場合、それらの情念は必然的に、この観察者にとって、正当、適当であり、情念の対象に適合したものと思われる。そして反対に、事情を彼自身のものとして考えた場合に、それらの情念が彼が感じるところと一致しないことを彼が見出すならば、それらは必然的に、彼にとっては不当であり、不適当であり、それらをかき立てた諸原因に適合しないものと思われるものである。従って、他人の諸情念を、その諸情念の対象にとって適合的なものとして是認することは、我々がそれらに完全に同感すると述べるのと同じであり、そして、それらをそういうものとして是認しないことは、我々はそれらに完全には同感しないと述べるのと同じである。」

上記のように、スミスは同感という感情が、単に快不快というような段階とは別に、私達の日常レベルの行為の是認対象や否認対象になり得ることを指摘しています。ですから、同感という私達の感情は、道徳的倫理的な場

――生活環境という場――における「人間らしさ」という行為基準を提供しているということになります。ただし、それ自体が絶対的な尺度であるなどとスミスは断言してはいません。

スミスはその同感感情から導かれる行為諸規則には相互の努力が必要なことも合わせて指摘します。

「この協和を生み出すために、自然は観察者たちに、主要当事者の諸事情を自分のものと想定するように教えるが、同様に自然は後者に対して、観察者たちの事情を、少なくともある程度、自分のものと想定するように教える。」

この叙述は、観察者の当事者の立場の想像的努力を説く一方で、当事者も観察者の立場・状況を踏まえたうえでの自らの感情のコントロールという努力が必要なことを指摘しています。私達は同感することに快い感情や是認する気持ちをもちますが、当事者も自らの気持ちをわかってもらう努力をしようとしているのです。ある友人がエキセントリックになっているとき、私達はできれば近づきたくないと思うかもしれません。友人のその興奮気味の表情に不快感さえ感じるかもしれません。しかし、友人の極度の感情の高揚が去ったあと、彼が憧れの彼女とデートの約束を取り付けたことを私達が聞けば、「やったな」の一言をかけて彼を祝福するかもしれません。友人は自らの興奮した感情をしだいに抑制し、自らの情動の原因をある程度落ち着きをもって伝えることによって、私達の祝福という同感感情を手に入れたことになります。まさに彼にとっては、デートの約束と友人の祝福とで喜びは倍増するはずです。

一方で、路上で何らかの事件に巻き込まれたときを想像してみましょう。あなたが暴力をふるったという誰かの発言に対しては、あなたはどのように対処するでしょうか。とにかく冷静になり、事の子細を相手に伝わるように落ち着いて一語一句語るように努力するでしょう。後者の例は、友人への同感とは異なった、他者からの同感――自らの正当性＝是認の対象――を取り付けるためには、いかに私達が努力するかを示しています。

「見知らぬ人々の一集団からは、我々はさらに少ない同感を期待する。そこで我々は、彼らの前ではもっと多くの平静さを装うのであり、我々の情念を我々がそのなかにいる特定の集団がついてくることを期待していいような程度にまで下げようと、つねに努力する。」

スミスはそのような他者の眼、すなわち見知らぬ観察者が身近にいることが、私達の「内なる観察者」を育成すると強調するのです。まさに、私達はこのような相互的同感という感情交流を日々経験することによって、人間の集団における行為の一般的諸規則——あるときは常識、マナーと呼ばれます——を築き、個々人の幸福を追求・維持できる環境としての社会形成に互いに貢献していることになります。スミスは「社会と交際」が、不幸にも私達が冷静さを失ったとき、それを取り戻す「もっとも強力な救済手段」であり、「落ち着いた幸福な気持ちの最善の維持手段」であると指摘しています。

さて、ここでは適正な行為としての一般諸規則が形成される土壌にいかに相互的同感——主要当事者と観察者——が働いているかを概観してきました。スミスのこの論究は行為の一般的諸規則を越えた行為の議論の場へ移行していきます。つまり、徳ある行為＝有徳な行為への、または理想的な人間のあり方の考察です。

5　有徳な行為とは

1　ストア哲学の有徳な行為

スミスは私達に行為として二つの違った徳性があることを『道徳感情論』第１部第２篇第４章で指摘します。一方が、「愛すべき諸徳性」で、もう一方が「尊敬すべき諸徳性」です。端的にいえば、前者は慈愛的な感情から導出される感謝や友情、さらに人類愛などの徳性で、後者は情念によって動かされる私達を抑止する、すなわち自己規制あるいは自己否定の徳性です。これらの詳細な説明をスミスは次のように述べています。

「徳性とは、卓越であり、大衆的で通常なものをはるかに越えて高まった、何か普通でなく偉大で美しいものである。愛すべき諸徳性は、極度のそして予期されぬ繊細さと優しさによって、人を驚かす程度の感受性のなかにある。畏怖すべく尊敬すべき諸徳性は、人間本性のもっとも統御しがたい諸情念に対する、目を見張らせるような支配力によって、人を驚愕させる程度の自己規制のなかにある。」

このことから、スミスは人間本性の完成としての「感受性と自己規制の諸徳性」を行使できる人のことを有徳な人間と定義するのです。とくにスミスは自己規制の最大の行使を必要とする場合に諸徳性はもっとも評価されるとしています。この議論の後、同書初版においては「ストア哲学について」の箇所で、とくに人間が逆境に直面したときの態度表明として徳性ある行為を体現できるストア的賢人に言及するのです。

「行動のもっとも高貴な適宜性は、繁栄のなかでと同じように逆境においても、維持されうるし、それは、初めはいくらか一層困難であるとはいえ、まさにその理由で一層感嘆すべきものなのである。危険と悲運は英雄的態度の適切な学校であるだけではない。それらは、英雄的態度の徳性を有利に示すことができ、それに対する世間の完全な喝采を引き起こすことができる唯一の適切な劇場なのである。」

スミスは、ストア的賢人はすべての場面で等しい態度をとることを指摘し、彼らは自らの情念に支配されず、「完全な適宜性」をもっていつでも行為できることを評価しているのです。従って、スミスにとってもストア的賢人の行為は確かに「人間本性の到達点をまったく越えた完成」であるとはいえ、私達自身が一つの手本とすべき諸徳性を体現する行為として尊重しています。同書初版第６部（第６版では第７部）第２篇で次のようなストア哲学へ対する記述があります。

「ストア主義者たちは、〔アリストテレス学派の見解とは〕反対にもっとも完全な無感動を要求し、精神の平静を最小の程度にでも混乱させうるあらゆる情動を、軽蔑と愚かさの効果とみなした。……ストア主義者たちは反対に、観察者の同感をいくらかでも要求するあらゆる情念、あるいは彼の情動の激しさに調子を合わせるために、観察者が彼の精神の自然で通常の状態を、いかなる点においてであれ変更することを必要とする、あらゆる情念を適切でないとみなしていたようにみえる。」（〔　〕は引用者）

このように、ストア的賢人の行為の適正さは揺るぎないものであり、「彼は自分を、人間本性および世間の偉大な守護神が見つめるであろうと彼が想像する見方で見つめる」ので、彼は生活のあらゆる局面においてたじろぐこともなく超越的に適正で、なおかつ諸徳性に値する行為をとるのです。先程確認したとおり、スミスは有徳さをストア的賢人にみていることは確かです。とはいえ、本当にストア的賢人の態度は有徳かどうかという話になると、やはり疑わしくなります。

スミスは生前最後（1790年）の同書改訂の「まえがき」で、「第7部（以前第6部）において私は、ストア哲学に関する様々な章句の大半をまとめておいた」と述べています。このことは、スミス自らストア哲学への再考の必要性を感じたことの表れとして私達はみることができるでしょう。では、どのようにストア哲学の叙述部分が変わったのかを次に概観しましょう。

2 人間本性に適う行為とは？

まず、前項の内容——同書第6版改訂——をもう少し詳しく紹介しておきます。

先程の「ストア哲学について」の項目が第7部に移動しまとめられ、なおかつそれまで第6部で扱われていたストア哲学とアリストテレス学派の比較箇所がこの改訂で削除されます。とくに、後者の行為原理の比較において、当初スミスは「その二つの体系を相互に区別するものは主として、それらが要求する自己規制の程度が違っていることである」と指摘していましたが、改訂版における削除によって、「自己規制」という語句がストア哲学の記述内容から消えたのです。さらに、自己規制の議論は新第6部で別個に考察されることになりました。では、これは何を意味しているのでしょうか。

ここでは、同書第３部のエピクテートゥスの引用箇所への第６版段階での追加部分の意義を解明します。エピクテートゥスの引用は次のものです。

「我々の隣人が彼の妻または彼の息子を失う場合、これがひとつの人間的な災厄であること、物事の通常の進行によるまったくの自然的な出来事であることが、分からないものはひとりもいない。だが、同じことが我々の身に起こると、その場合には、我々は自分がまるでもっとも恐ろしい悲運を受けたかのように、泣き叫ぶ。しかしながら、この偶発事件が他人に起こったとき、我々がどんな感受作用を受けたかを想起すべきなのであり、そして、彼の場合に我々がそうであったように、我々は自分自身の場合にも、そうあらねばならないのである。」

改訂以前は、このあとにストア的賢人の視点と当事者の観察者視点への移行努力が「完全な自己規制」として一致し、その行為に同様の高い評価をスミスは下していました。さらに、上述のように行為する者は「最高の度量と不動性の程度」からして「完全な適宜性」のもとにある旨、スミスは指摘していました。ところが、改訂後、エピクテートゥスの引用に続いて、「我々の感情が、そのために適宜性の枠を越えがちな私的な悲運は、ふたつの違った種類からなっている」とスミスは語り、新しい考察が行われたのです。その考察とは私的な悲運を間接的悲運と直接的悲運に分けることから始まり、これまでの「完全な自己規制」への無条件の同意ではなく、前者の場合——親族の死に直面したとき——、私達の情動は疑いなく、正確な適宜性の許容範囲をはるかに越える、とスミスは指摘します。おわかりのとおり、自分の親しい人の死はなかなか受け入れることができず、ある一定期間その悲しみに浸ることにもなるでしょう。しかしながら、それ自体は別に他者の非難を受けるものとはならないのです。しかし、もしそのような事態に「不自然な無関心」を示す人物がいたとすれば、私達はその人を訝しがるかもしれません。スミスは次のようにその状況における人間本性の反応を記述します。

「適宜性の感覚は、我々がもっとも近い親戚の悲運について自然に感じる、あの異常な感受性を、まったく根絶することを我々に要求するどころではないのであって、その感受性の過度によってどんなに機嫌を損じるよりも、はるかに多く、その欠如によって機嫌を損じるのがつねである。そういう場合には、ストア的無感動は、決して快適なものではなく、それを支えているすべての形而上学的詭弁は、気取り屋の頑固な無感動を、その生来の不適格性の十倍に拡大することのほかには何の目的にも滅多に役立ちえない。」

スミスは、これまでのストア的賢人の自己規制的態度を無感動として批判しています。従って、このことはストア的行為自体が「完全な適宜性」とは異なることを示しています。さらに、「完全な適宜性」をもった行為ではないということは、これまで有徳として評価されてきたストア的賢人の行動原理への批判でもあることは明白です。ストア的賢人は、人間が本来もっているはずの自然的諸感情の反応、すなわちある状況から何を感じ取るかという感受性が欠落していることになります。端的に述べて、感受性が欠落しているということは、自然に育つはずの諸感情が欠落していることをも示し、その諸感情の自然的表現を抑制するように働く機能、つまり自己規制の能力も適正に育っていないことを意味します。

では、ストア的賢人の行為はいかなるものであったのでしょうか。「行為の適宜性、すなわち神々が彼の行動を方向づけるために彼に与えておいた規則」、つまり、ストア的賢人は見掛け上ですでに与えられた規則を表しただけ、ということになります。その行為は外観のみに止まり、私達が普通に抱く諸感情を考慮に入れていなかったものとなります。もしかすると、現代のマニュアルの行為にあたるのかもしれません。理由など知らなくても取り扱い説明書を読み、その段取りに従っていけば万事ことが運ぶというようなものです。接客業における笑顔もストア的行為と同様に、ただ外見上、他者に好印象を与えればよいという同根性をもっているといえます。

スミスは人間の自然的な感受性の重要性を次に述べます。

「我々の欲求と嫌悪、我々の希望と恐怖、我々の歓喜と悲哀を自然にかき立てる諸原因は、疑いもなく、ストア主義のあらゆる論証にもかかわらず、各個人に対して、彼の実際の感受性の程度に応じて、それらに固有で必然的な結果をもたらすであろう。」

では、この項を締めくくるにあたり、スミスの有徳な人間のあり方——人間本性に適う人——を聞いておきましょう。

「他の人々の歓喜と悲哀をもっともよく感じる人は、彼自身の歓喜と悲哀のもっとも完全な制御を獲得するのに適している。もっとも鋭い人間愛をもっている人は、自然に最高度の自己規制を獲得することが、もっとも可能である。」

スミスにとっては、鋭い感受性と自己規制が一対のものであることが重要です。私達は諸感情の自然的経路とその発露を経験・認識するからこそ、その諸感情をコントロールすることができるし、相互的同感ができること自体、人間本性が適正に育成されてきた証拠でしょう。有徳さとはそのなかから会得され、実践されるのです。

6　商業社会における人間本性——慎慮について

私達はこれまでスミスの『道徳感情論』における人間本性への考察をとおして、まず、人間行動原理が利己的原理という動因ばかりでなく同感の原理に由来すること、また、社会形成の動機そのものが、ヒュームのいうような知的でソフィスティケイトされた利己心が判断する社会的有用性への同感からの正義概念の成立にあるのではなく、個々人の恐怖心と恐怖を与えたものへの憤慨感情——すでにみたように生命の危機に直面するような、あるいは財産を強奪されるというような侵害の状況——から、相互的同感の一つの帰結としての正義概念＝社会でのルールの成立を、スミスが感情論の立場から解き明かしたことをみてきました。

ここでは、商業社会という当時の経済的環境における人間本性の分析過程を追ううえでもスミスの第２の著書『国富論』からその考察内容を探っていきます。さらに、スミスが時局論批判として展開した重商主義政策批判を、人間本性的視角からも概観することを試みてみます。

1　二つの著書

スミスがこれまでの先駆者――例えば、モンテスキューやヒューム――のように、商業社会への楽観的展望に立っていたかといえば、必ずしもそうではありません。スミスは明確に当時の重商主義的政策への具体的な批判を同書第４篇で詳細に検討をしています。従って、確かにヒュームたちが述べるように、商業の発展における文明社会の進展が人間をより知的に、勤勉に、より個々人の自由度を拡大した状況をスミスは認識しているものの、現状の経済社会の環境に満足していなかったといえます。では、何がスミスをそのようなさらなる商業社会分析へと向かわせたのかを私達はみなければなりません。

上記の内容の議論に入る前に、過去に取り上げられた「アダム・スミス問題」なるものにも言及しておいた方が皆さんの今後の理解の助けとなりましょう。この「アダム・スミス問題」はドイツの研究家によって提起された問題で、スミスの『道徳感情論』と『国富論』に扱われている人間本性が異なっているというものでした。前者はすでにみてきたとおり同感原理からの社会形成が扱われているのに対して、後者では利己心をもった人間の社会経済活動が考察の対象となっており、二つの著書の人間本性分析に整合性がないのではないか、という問題提起でした。従って、二つの著作は別々の研究対象であって、スミス自身もまったく別の世界をそれぞれの著書に表したのではないか、という解釈に行き着いたのです。現在においては、このような考察的アプローチをする研究者はまずいません。というのも、スミスの分析した経済社会は、行動原理分析の『道徳感情論』とその土台のうえに経済社会分析の『国富論』があるとみた方が自然であるからです。このことは、スミスの前者の書物（初版）の最後に次のように書いてあることからも明らかです。

「私は、もうひとつの別の論述において、法と統治の一般諸原理について、およびそれらが社会の様々な時代と時期において、正義に関することだけでなく、行政、公収入、軍備、さらには法の対象である他のすべてに関することにおいても、経過してきた様々な変革について、説明を与えるように努力するつもりである。」

さらに、当該書第6版「まえがき」では、上記のスミス自身の計画のなかで、「諸国民の富の性質と諸原因に関する研究〔＝『国富論』〕において、私はこの約束を部分的に、少なくとも行政、公収入、軍備に関するかぎり実行した」（〔　〕は引用者）と述べています。

このように、スミスにとって『道徳感情論』は『国富論』叙述への端緒であり、経済社会分析へのスタートであったことは間違いないところです。上記に加えて、最後まで、スミスが二つの著書の改訂を行っていたこと、『国富論』の執筆後も、生前最後の『道徳感情論』第6版を刊行するときの増補において、現実社会に起こる様々な人間行動を自らの行為原理のなかで再考――自己規制論もその一つの例――しているのも、二つの著書の密接な関係性を表しているものといえましょう。

2　商業活動への必然的指向性――人間本性として

スミスは『国富論』第3篇の歴史分析篇で、ローマ帝国崩壊後のヨーロッパの歴史を概観し、その歴史的環境から、現在のような商業社会成立の原因を探す作業を始めます。

とはいえ、ここにはスミスの前提とする人間の自然的投資順序論があるので、そこからみていきましょう。スミスは、もし何の人為的規制もなければ、人間はまず農業に投資するであろうといいます。その理由は、農業は自らの足元、すなわち眼の前の土地で自ら労働者を雇い入れ、自らの目で彼らの勤務状況から作物の出来具合・収穫までを管理できるし、確実に投資部分を回収できて、その回収速度も速いためです。さらに広い土地であれば多くの労働者を雇用できることになるので、産業としての生産労働の確保と生産性の確実性もある程度保証できるということも理由でしょう。それと比べて、製造業は工場という制約があり、労働者数は限られ、商品という性格から穀物のようにすぐさま売りさばくことができません。そのことは投資回収速度が遅いことを表しています。さらに、国内商業は売りさばくという点から、多くの労働者を抱えることはありません。それに輪を掛けて、外国貿易になると、次のような理由を述べてスミスは批判しています。

「貿易商人は、資産をしばしば風波に曝すばかりでなく、遠国にあって、人柄も素性もはっきりと分からないような人々に大きな信用を与えて、人間の愚昧と不正という不確かな要素に自分の資産をゆだねざるをえない。」

さらに、不正義の人為的法規が妨げないかぎり、人間というものは「農村の美しさ、田園生活の楽しさ、それが保障する心のやすらぎ」を追求し、ほかの産業のように雇用される立場に身を置かず、自主独立、すなわち農場主になることを好み、原始的な職業を愛好する性向が人間にはあるとスミスは説いています。でも、今の私達は果たして彼の説に同意できるでしょうか。サービス業が7割を越える現代の経済社会の環境は当時と比べて著しく異なっているので、私達の本性もスミスの見解にすぐさま賛同はできないとしても、リタイアされた方々や若者の帰農現象があることなど多くの現代人が自然を求め、田舎暮らしを嗜好することだけは否定できないところです。

スミスは、上記で、すなわち土地を容易に入手できる北アメリカ植民地への移民者が母国イギリスでは職人であっても、少しの蓄えができると土地を購入して農場主になっている事実を示しつつ、一方で、スミスが暮らしているヨーロッパではそのように土地が安易な条件でしかも安く購入することができなくなった事情を歴史から解明していきます。

スミスは、ローマ帝国崩壊後の歴史的経緯とその状況のなかに置かれた農村の住民と都市の住民の生活環境を考えることによって、彼らの利益追求としての利己心が目指す対象としての職業が確定してきた必然性を繙きます。

上記のことについて、スミスは、ヨーロッパの現状では多くの国が自然的投資順序に従っていないと指摘します。とすれば、この投資順序が逆転している現状――外国貿易や商業の発達――を分析する必要が生じてきます。次に、スミスに則して歴史分析過程を眺めましょう。

ローマ帝国がゲルマンとスキタイの侵略によって崩壊した後、土地という土地はすべてが少数の領主によって占有される状態になりました。ローマ統治下では土地という不動産も動産と同様に分割相続の対象になったのですが、その後の抗争が繰り返される時代においては、一子に土地を継がせる方が非常に賢明な手段であることに気づきました。なぜなら、分割統治になることによってその一国の戦力は低下し、近隣の強国からの侵略を受けやすくなるし、事実そのような状態が続いたので、法的に長子相続制や限嗣相続制こそが合理的な土地所有の保護に役立っていたためです。

さて、このような情勢のもとに置かれた領地の人、すなわち土地の耕作に従事する人々としての農民はどのような身分に置かれたかといえば、当然、まずは過酷な状態であったことは察しがつきます。農奴的な状態から随意解約小作人いう段階では、彼らは「財産を取得できない人間」でした。すべての農作業用具、自らも含めて、彼らが住んでいる家や家畜さえも領主のもち物であり、領主が彼らの生産のすべてを握っていたのですから。その後、分益小作人となり、確かに収益の２分の１を獲得することができる点で、財産を取得することができるようになりましたが、貢納がやはり半分で労働の負荷を考えた場合、彼ら自らが土地の改良に意欲を強くもつことにはなりませんでした。それから貨幣経済の発達のもと、地代の支払いを行う借地農が登場してきます。初めは長期借地契約が取り付けられず、不安定でしたがヘンリー７世の治世第14年頃に法的措置が強化され、やっと終身借地権＝自由土地保有権を獲得するに至るのです。スミスは、当時においてヨーロッパ大陸では長期借地権を保障している法は存在していないとしています。上記の内容から、農村の住民が置かれた生活環境は当初から過酷な状態で、そのような状況に身を置いたことを考えれば、このような自らの財産を安全に保有・獲得・拡大できない環境からは一刻も早く逃げ出したいと思うのが当然というものでしょう。

一方、商業活動に従事する人々、つまりスミスのいう都市の住民の置かれた歴史的環境はいかなるものであったかといえば、やはり商人や職人も最初は奴隷状態に近いものであったことには変わりはありません。しかしながら、彼ら商人はあるときから市場から市場に移動するごとに課せられていた税金から免除されるという好機を得たのです。すなわち商業活動を重視する政策を行う領主や国王が、彼らを自国で自由に商売させることの帰結としての課税措置を施行していったのです。そのことは、彼らを「自由商人」という身分にし、その時点で、自らの所属する領主や国王の統治下においては身の安全と財産の取得が保障されることになりました。スミスは次のようにいいます。「都市の状態が最初はいかに奴隷的であったにしても、彼らが農村の土地所有者よりずっと早く自主独立の状態に到達したことは明らかなように思われる」と。さらに、彼らの自由は自らが住まう都市へと拡大していき、自らの仲間から徴税請負人を選出したり、自らの自治権を獲得するに至り、彼らは自らの勤労の成果を享受できるという確信と自らの生活改善のために勤勉に働く現状へと近づくことになります。その結果として、スミスは、外国奢侈品の輸入という過程から、その輸送費節約のための同種の国内高級品の生産・販売というように、国内の発展に大きく貢献することとなったと指摘しています。

スミスは上述の比較をとおして、商人や職人が自らの利益追求を考えた場合、「社会的に劣った階層」と世間でみられている境遇へ自らを投じないことを指摘しています。商業活動に従事している人々は、「社会的に劣る地位につくために、優っている地位を捨てる」ことはしません。すでに明らかなように、歴史的経緯はとくにヨーロッパにおいては商業活動の利益的優位の構図ができ上がっており、その延長上に当時の重商主義的政策が位置することになります。その点で、スミスは確かに重商主義的政策を批判していますが、必ずしもその商業活動の歴史的展開そのものを批判しているわけではないのです。

3 商業活動における「慎慮」の変質

私達は、スミスの歴史分析を概観して、商業的分野が農業に比較して優位な境遇にあった旨を確認しました。では、その環境を獲得した商人と呼ばれる人々はどのように利益を考えていたのでしょうか。この商人精神を考察する前に、私達はスミスの『道徳感情論』第６版第６部「徳性の性格について」もみておきましょう。当該部第１篇で徳性の一つである「慎慮」について、次のようにスミスは述べています。

「その個人の健康、財産、身分と評判、すなわち、彼のこの世での快適と幸福が主として依存すると想定される諸対象についての配慮は、普通に慎慮とよばれる徳性の本来の業務とみなされている。」

このように、慎慮の徳性の本来の業務＝本来的性格は有徳さというよりも、まさに利己心の源泉であるように考えられます。私達は日常生活のなかで、健やかに過ごし、財産をできれば増やしたいと考え、ある投資話にのるかもしれません。また、今の社会的地位を保持したいと思い、できれば人からさらなる評価を得たいと考えるのは至極当たり前のことではないでしょうか。このことは、人間が誰でももっている欲求であり、商業に従事している人々も当然のようにこのような希望をもつ普通の人間でしょう。従って、利己心が健全に働いている状況では、誰の非難も否認も受けない、私達人間の営みの一つとして理解できるでしょう。商業の精神があるルールを作り出すことをモンテスキューが述べていたことを想起してください。スミスもまた、当該箇所で次のように商業活動のメリットを指摘しています。

「商業活動が商人にたいして自ずともたらす秩序、倹約、注意といった習慣は、商人をどのような改良計画にしても、利潤をあげて成功裏に遂行することにより、より良く適合させるのである。」

商業活動を、やはりスミスの先駆者たちが主張したように、「秩序、倹約、注意」という習慣を自らの商取引のなかで学び、経験することから商人は身につけました。商取引こそが、彼らにいかに活動すれば、自らの利益が増大するかを教えてくれたのです。商取引には互いの信頼、等価交換の原則があり、もしそれを逸脱するようなことがあれば、すぐさま取引先からの信頼は失われ、商売は即座に停止して、大きな痛手を被ることになるでしょう。この企業倫理とも呼べる指摘は商業取引が存在するかぎり現代でも何ら変わることはありません。さらに、商人自ら経費を節約し、あらゆる情勢を把握する注意力があれば、さらなる利益を彼は獲得することになるでしょう。このように、商人にとっての慎慮は、通常の慎慮のなかの利益追求と享受のあり方＝経済活動に特化したものといえるのではないでしょうか。さて、この商人が自らの慎慮をもつかぎりにおいて、商業活動は円滑に拡大していくことになるはずでした。

しかし、人間の欲求は止まるところを知りません。これまでの歴史的経緯から商業活動に従事する人々は、さらなる利益を求め、最終的に「すべては自分のためのものであって、他人には何一つやらない」という心情に変質してしまったのです。スミスはこの点を看過しませんでした。

4 重商主義的精神原理の考察

スミスは同書第４篇第３章において、次のように重商主義的精神原理を示します。「前章〔第２章〕で検討した原理は、私利と独占精神に由来するものであったが、本節で検討しようと思う諸原理は、そもそも国民的偏見と敵意から起こるものなのである」(〔　〕は引用者)。では、この発言の前者「私利と独占精神」と後者「国民的偏見と敵意」がそれぞれどのような思想を生み、政策と結びついたのかをスミスの理論に則してみてみましょう。

それらは重商主義的政策の二つの制限措置を生みました。まず、「私利と独占精神」が国内の特定産業部門の保護による輸入制限措置を、「国民的偏見と敵意」がある特定国（フランス）からのほとんどあらゆる財貨の輸入に対する制限措置を生んだ、とスミスは指摘します。

前者が抽出される当該第2章において、スミスは人間の利益追求の本来的性格ともう一方で商人の利益独占と排他性を描き出し、私達のうちに潜む利己心の二面性を指摘します。その二つの側面というのは、慎慮と傲慢性です。本来の真っ当な商人であれば、彼の慎慮は自国で作るよりも安い製品があるとすれば、輸入を歓迎し、「自分の労働のすべてを隣人より多少とも優っている方面に用い」るのが有利なことを認識しているはずです。しかし、一度確立した国内製造業とそれが取引される市場がひとたび機能し出すと、そこで仕事に従事している商人たちには既得権を失いたくないという欲求がわき上がってきます。つまり、本来であれば、より自由な商業活動で得られるはずのさらなる利益に触手が動かず、というよりは、眼前の利益のみに心を奪われることとなります。これは自らの既存利益の保護が主目的化し、さらにそれが肥大化したものと考えられるのです。端的に述べれば、私的既存利益追求の過剰化の一つの現れです。スミスは、その傾向が強いのが都市に住む商人たちであると指摘します。彼らは「排他的同業組合精神」を発揮し、独占へと加速していくのです。スミスは、そのような商人たちが輸入に対する制限・制度の発案者であり、彼らは「自分たちの利得の有害な効果については沈黙を守り」、独占を押し進めたと指摘するのです。私達が本来もっている個人としての利己心――他者の評価を得れば慎慮――の方向性・健全性からの逸脱であることは間違いありません。

では、当該第3章の「国民的偏見と敵意」についてのスミスの見解はといえば、「この貿易差額説ほど不合理なものはありえない」と断言しています。商業活動は貿易を行う諸国民を和合し、平和的な取引とともに互いの市場を提供すると同時に、適正な市場競争が相互の技量を切磋琢磨するように、国民の立場からも良質な市場と収入の場を提供することになるはずです。しかしながら、スミスは、イギリスとフランスの関係を次のように述べます。

> 「両国が境を接しているために、両国は必然的に敵となり、そのため互いの富と力とは、互いにいよいよ恐るべきものになっている。そして、

両国の利益を増すはずのものが、ひたすらに凶暴な国民的敵意を煽るのに役立つのみである。」

上述と同様な内容の記述が『道徳感情論』第6版第6部第2篇第2章「諸社会が自然によって、我々の慈恵に委ねられるその順序について」にみられます。

「我々自身の国民に対する愛によって、我々はしばしば、どこでも近隣の国民の繁栄と拡大を、もっとも悪意ある嫉妬と羨望をもって眺めたいという気持ちになる。……国民的偏見というくだらない原理は、しばしば、我々自身の国への愛という高貴な原理にもとづいている。」

上記のように、「我々自身の国への愛という高貴な原理」がキーワードとして言及されています。また、その愛国心の裏返しとしての「国民的偏見と憎悪が、近隣諸国民を越えて拡大されることはめったにない」とスミスは指摘して、自国への思い入れが自然の知恵によって人間本性に与えられていることを次のように語るのです。

「我々は自分たちの国を、たんに人類の大社会の一部として愛するのではない。我々はそれを、それ自身のために、そのようなどんな考慮からも独立に愛するのである。自然の他のあらゆる部分の体系とともに人間の諸意向の体系を考案した知恵は、人類の大社会の利益が、各個人の主要な注意をたいてい彼の諸能力と彼の理解力とも双方の領域のなかにある、それの特定の一部に向けることによって、もっともよく促進されるであろうと、判断したように思われる。」

私達がスポーツの世界で日本代表に入れ込むのも、同じ民族であるからです。また、アジアの近隣諸国が日本の存在を意識するのも、スミスの先の発言から理解できるところです。

このように本来であれば、自らの国を愛するという純粋な心情が、国民的偏見と敵意に変質するには何かほかの諸国を意識させる、あるいは近隣の国との競争意識を煽る力を感じるところです。スミスはその力を加えたものこそ、不合理な重商主義的政策を支える「一方の得は他方の損」という思想であることを認識しています。「継続的な相互の恐怖と疑惑」を煽ることによって、別言すれば、適正な市場競争を避ける手だてとして、隣国との輸入制限措置が国家的、公共的利益の保護や増進に当たるとして流布し、世論を誘導した者たちの存在に対してスミスは怒りの矛先を向けるのです。彼らは、おわかりのとおり、大貿易商人とそれに関わる大製造業者さらに彼らの言い分を受け入れ、自らの利益になると考えた為政者たちです。

5　国民を操る人——「体系の人」への批判

重商主義的政策を最終的に決定するのはその国の為政者ということになります。政治的決断がその国の命運を握るといってもいいでしょう。卑劣な商人——「重商主義の自称博士」——の進言を真に受ける為政者たち、この構図をスミスは次のように紹介します。

「この議論〔貿易差額を重視する政策議論〕を、商人は、議会に、枢密院に、貴族に、そして地方の大地主に向けて訴えた。つまり、貿易に明るいと思われた人々が、貿易のことは何も知らないと自覚している人々に訴えたのである。外国貿易が国を富ませるものだということは、商人はもちろんのこと、貴族も地方の大地主も、経験でよく分かっていた。けれども、それがどの程度か、またどんな方法でか、ということは誰もよく分からなかった。商人たちは、外国貿易がどうやって自分たち自身を富ませるかについては、知り尽くしていた。それを知っていることは、自分の仕事のうちであった。しかし、外国貿易がどうやって国を富ませるかを知ることは、彼らの仕事ではなかった。」（〔　〕は引用者）

まさに、ここでは健全な利己心から逸脱した商人のしたたかさが強調されています。では、私達は為政者の本来の姿をスミスの分析から調べましょう。

実はスミスは時局論批判を展開する『国富論』第4篇第8章「重商主義の結論」で、主権者あるいは為政者の義務を次のように述べています。

「国家の主権者は、その臣民のあらゆる階層を公平平等に取り扱うべきものなのであるから、たとえわずかであっても、臣民の特定の階級の利益を、他の階級の利益を増進するだけの目的で侵害するようなことがあれば、それは主権者の義務に反している。」

このことは、重商主義を推進する為政者が、明確に彼らの国民に対する義務を犯していることを明らかにしてくれています。

さらに、『道徳感情論』第6版第6部第2篇では、先の国を愛する高貴な原理とともに、為政者の公共精神について論及している箇所があります。そこでは、一般の人々の社会的愛着の順序――自分＞家族＞親族＞階級＞地域＞国家――が示され、いかに国民の公共精神が愛着の最後尾にあるかが確認されるとともに、国家を思う党派的指導者の公共精神から導出される二つの社会のあり方が考察対象となっています。二つというのは、国家的平和が保たれている時代は既成の統治と権威を維持すること――保守的精神――にそれが注がれ、公共的な不満や党派的争いと無秩序の時代においては国家的平和と繁栄を再建すること――革新的精神――にそれが注がれることになります。スミスはとくに後者の場合を例にとり、「国家基本構造を造り直し、統治体系」の変革を提案する指導者に注意を喚起します。自らの構想する理想的統治体系への盲進はどのような現象を呼び起こすのでしょうか。

「それらの指導者自身でさえ、もともと彼らは自分たちの拡大の他には何も意図しなかったであろうにせよ、彼らの多くはそのうちに彼ら自身の詭弁の虜になって、彼らの追随者のうちもっとも弱力愚昧な人々と同じく熱心に、この偉大な改革を追い求める。」

スミスは、自らの理想的統治体系を追い求めようとする権力者を「体系の人」と呼びます。その有名な箇所は次のとおりです。

「体系の人は、反対に、自分では非常に賢明なつもりになりがちであり、彼は自分の理想的な統治計画の想像上の美しさに魅了されるため、それのどの部分からの最小の偏差も、我慢できないことがしばしばである。」

以上のスミスの提示する事柄から次のことは明白でしょう。重商主義政策とそれを支持する統治体系を構想し、実践に移した大商人や大製造業者、彼らに加担し公共の名のもとに私腹を肥やそうとする為政者たち。彼らが結託し、国家的公共的利益の保護と増進を表看板として、その内実は自らの既得権の維持と私的利益の拡大ですが、国民に国家の窮状を訴えることによって、種々の人為的制度を整備して、その結果、自然的富の増進からもたらされるはずの国民の幸福を踏みにじるものとなってしまう、という悪しき国家の姿。スミスは、そのような国家における為政者の思考を次のように表しています。

「彼は、チェス盤の上の駒が、手がそれらに押しつけるものの他には何の運動原理ももたないこと、そして人間社会という大きなチェス盤のなかでは、すべての単一の駒が、立法府がそれに押しつけたいと思うかもしれないものとまったく違った、それ自身の運動原理をもつということを、まったく考慮しないのである。」

スミスは、彼らは「最高度の傲慢」であり、彼らは自分自身の判断を「正邪の最高基準」と思ってしまっているという危険性をも指摘するのです。

スミスにとって、商業社会のあり方も、これまでにみてきた諸感情の自然的経路を阻害するものとしての完全な自己規制＝無感動の危険性を示したのと同様に、経済活動の自然的な経路の確保を提唱しようというものではなかったでしょうか。そして、経済活動の自然的な経路とは個々人の利益追求の自由とその十分な享受にあり、国家がその個人の利益追求という個々の「運動原理」をもっていることを尊重し、その環境を整えてやることこそ、スミスの主張する「自然的自由」の体系であったのです。付言すれば、そこでの個々人は明確に自らの同感原理を働かせ、社会のルールを互いに遵守する一人の人間であるということです。

スミスの、重商主義的政策の大規模な人為的・作為的操作が国家の経済的危険性を招くのを批判した『国富論』第４篇第７章の次の箇所も有名な叙述です。

「自然の大きさ以上に人的に膨脹させられている大きな血管、不自然な割合でそのなかを血液が循環させられている大きな血管にも比すべきわが国の商工業、この大きな血管に、ほんのわずかでも停滞が起これば、国全体が危険きわまりない痛手に見舞われることは必定である。」

6 ディドロの体系的精神批判——体系の精神の時代背景

前掲の「体系の人」批判の同箇所で、スミスは、「この理由で、すべての政治的思索家のなかで、主権者たる王侯たちは、飛び抜けてもっとも危険なのである」 と要注意人物である旨を指摘しています。先に触れたように、私達は上流の人々や権威ある人に魅了されます。それが彼らの所持品や環境であったりするのですが。スミスは、人間本性に、「富裕な人々および勢力のある人々の、すべての情念についていくという人類のこの性向」があり、それ自体が諸身分の区別と社会の秩序を形成するのに役立っていることを、『道徳感情論』第１部第３篇第２章「野心の起源について、および諸身分の区分について」というところで言及しています。それに加えて、スミスは、一般の人々は彼らの「完全に近い幸福の体系」に憧れるばかりでなく、その体系を彼らが達成することに協力したい気持ちになることをも示しています。確かに、私達は自らの属する身分より上位の生活に憧れるとともに、そのような人物を尊敬し、彼らのこれから行おうとすることを支持するかもしれません。例えば、尊敬する経営者であれば彼の事業に出資しようという気になるし、好感のもてる政治家であれば彼の党派を応援したい気持ちにもなるでしょう。さらに、そのことが自らの私的利益に資することがあればなおさらでしょう。

スミスは、彼ら上流のあるいは権勢をもち続けた人々が習慣的に作り出してきた技術——すなわち彼らの所作やセンス、それを所作の体系（＝儀式的な行事も含めて）と呼んでいいでしょうが——が、「人類を一層容易に彼の権威に服従させ、彼らの意向を彼の好むままに統御することを企てる際の技術」であると提示します。

従って、私達がこれまでに考察してきた「体系の人」および彼らのもつ「体系の精神」に対する批判の眼は、現代と近代の時間的壁を越えて、歴史貫通的に妥当するものを提供していると思われます。もっと簡単にいってしまえば、「体系の人」とは傲慢な独裁者であり、彼が構想する理想的な統治計画・体系は彼の「体系の精神」の産物であり、意のままに国家を操ること――国民の個々人に至るまで――を彼は企図しているのです。これは企業レベルでも社長や会長の経営独裁という形、また、役所レベルの現場を把握しない机上の空論的施策という形、さらにはよりミクロ的に家庭における夫の暴君的振る舞い等々、私達の近辺に探せばいくらでも掘り起こすことができる代物です。あとは影響力の程度の問題でしょう。

さて、この「体系」という語句は、スミスの同時代の思想家ディドロ――彼とダランベールの編纂ですが――の『百科全書』にも登場してくるのです。そしてディドロ自らがその項目を執筆しています。ここでディドロは体系の精神と政治学の考察をして、次のように要旨を指摘します。政治学の目標は「結果を準備し、それを生じさせようと提案する」体系であると。端的に例えを出せば、現代の高齢化社会で老後の生活の安定という結果を出すために介護保険と年金制度を充実させようと提案すること、といってもいいでしょう（これは前に触れたように目的と手段の転倒の危険性を孕んでいるのですが）。従って、政治学は公共的利益の増進という設計図を国民に提案し、国民の協力――世論の後押し――を得ようとする学問ともいえます。この点についてはディドロも私達も理解できるところです。

一方、別の「哲学」の項目で、ディドロは「体系的精神」を真の哲学的精神ではないとして、次のように批判的見解を示しています。

> 「あらかじめ設計図を引いてから宇宙の諸体系を構成し、ついでこれに現象の方を、自ら進んでなり、他から強いられてなり、適合させようとする精神のことである。」

この批判は、デカルトの宇宙論へのそれであるといわれています。まさに自ら構想した宇宙像に合わせて、惑星の運行の説明をしようという精神を批判していています。デカルトの太陽系を一緒に想像してください。布をぴんと張ってその中央に比重の大きい太陽（重り）を乗せると円錐上に太陽を中心として窪みます。その傾斜に小さい惑星を想定して比重の小さい球を円を描くように加速させて転がすとどうなりますか。きっと、そのすり鉢状の斜面を回りながら大きな球——太陽——に近づいていくでしょう。そのようなものです。これはデカルトの頭のなかの世界で、まったく現実を観察していないことは私達には一目瞭然です。真実はある対象を忍耐強く観察することと、その経験の蓄積——情報の収集と分析さらには判断——によることはいまさら皆さんにいうべきことではないでしょう。また、上記の態度と行動をとおして、学問が進歩してきたのも事実です。

最後になりますが、スミスの人間本性把握と商業社会での自然な＝自由な経済活動の認識を振り返りつつ、ディドロの「体系的精神」批判の言葉を噛みしめてみてください。

「体系的精神を真理の進歩にこのように反するものとした理由は、何らかの真実らしさをもつ体系を構想した人々にその誤りを悟らせることは、もはや不可能だということである。彼らは、自分の体系を固めるのに少しでも役立ちそうなものはすべて非常に大事に保持しておくけれども、反対に彼らは、自分の体系に対立するほとんどすべての異論を目に止めないか、でなければ、何らかの取るに足りない区別を設けて追い払ってしまう。彼らは、自分の仕事を惚れ惚れと眺めることで、またそれから得られることを期待している尊敬を当てにすることで、ひそかに自らを楽しませている。彼らは、自分の真実らしい意見が持っている真理の見せ掛けのみに心を奪われている。彼らは、この固定された見せ掛けを眼前に据えているが、自分の見解の他の側面——それは彼らの見解の誤りを暴くであろうに——を目を凝らして注視しようとしないのである。」

スミスの『道徳感情論』第６版第６部第３篇「自己規制について」は、まさに彼自らが当時の商業社会——上流階層の道徳的腐敗等——への観察と現場経験から生前最後に加えたものです。私達は様々な誘惑に曝されています。それらの誘惑を振り払うのは、いかに困難で努力のいるものであるかを私達は知っています。スミスは人間本性としての自己規制能力を強調しています。自己規制とは他者にみせるものではないので、きわめて観察者から評価を得にくいものですが、自己是認＝正義に悖らない自らが信ずるところによって行動することの重要性を再考することを、この美徳なき高度情報化社会という私達の時代に声を大きくして、スミスは訴えていると感じるのは私だけでしょうか。近代人——スミス——としての責任から。

参 考 文 献

1講

アレクサンドル・コイレ『プラトン』（川田殖訳、みすず書房、1972 年）
内田忠寿『経済学説と精神史の間』（東海大学出版会、1987 年）
高島善哉、清水嘉治編著『市民社会の論理と現代』（新評論、1978 年）
田中美知太郎責編『プラトン』（世界の名著 6、中央公論社、1974 年）
トーマス・A. スレザーク『プラトンを読むために』（内山他訳、岩波書店、2002 年）
廣川洋一『ギリシア人の教育』（岩波新書、1990 年）
プラトン『国家』（上、下）（藤沢令夫訳、岩波文庫、1979 年）
プラトン『ソクラテスの弁明・クリトン』（久保勉訳、岩波文庫、1992年）
プラトン『メノン』（藤沢令夫訳、岩波文庫、1994 年）

2講

アリストテレス『形而上学』（上、下）(出隆訳、岩波文庫、1959、1961年)
アリストテレス『政治学』（山本光雄訳、岩波文庫、1961 年）
アリストテレス『ニコマコス倫理学』（上、下）（高田三郎訳、岩波文庫、1971 年）
アリストテレス『弁論術』（戸塚七郎訳、岩波文庫、1992 年）
出隆『アリストテレス哲学入門』（岩波書店、1972 年）
岩田靖夫『アリストテレスの倫理思想』（岩波書店、1985 年）
坂下浩司『アリストテレスの形而上学』（岩波書店、2002 年）
G. E. R. ロイド『アリストテレス』（川田殖訳、みすず書房、1973 年）
田中美知太郎責編『アリストテレス』（世界の名著8、中央公論社、1972 年）
松田禎二『アリストテレスの哲学』（行路社、1987 年）

3講
A. A.ロング『ヘレニズム哲学：ストア派、エピクロス派、懐疑派』(金山弥平訳、京都大学学術出版会、2003年)
A. L. マクフィー『社会における個人』(舟橋・天羽・水田訳、ミネルヴァ書房、1972年)
A. マッキンタイア『美徳なき時代』(篠崎榮訳、みすず書房、1993年)
エピクテートス『人生談義』(上・下)(鹿野治助訳、岩波文庫、1958年)
カール・ヒルティ『幸福論』(改版)(草間平作訳、岩波文庫、1961年)
鹿野治助『ストアの哲人達』(弘文堂、1947年)
鹿野治助『ストア哲学の研究』(創文社、1967年)
鹿野治助責編『キケロ：エピクテトス、マルクス・アウレリウス』(世界の名著13、中央公論社、1968年)
鹿野治助『エピクテートス：ストア哲学入門』(岩波書店、1977年)
ジャン・ブラン『ストア哲学』(有田潤訳、白水社、1959年)

4講
稲垣良典『トマス・アクィナス』(人類の知的遺産20、講談社、1979年)
稲垣良典『トマス・アクィナス倫理学の研究』(九州大学出版会、1997年)
上田辰之助『トマス・アクィナス研究』(上田辰之助著作集、みすず書房、1987年)
M. グラープマン『聖トマス・アクィナス：その人と思想』(高桑純夫訳、長崎出版、1977年)
沢田和夫『トマス・アクィナス研究』(南窓社、1969年)
上智大学中世思想研究所編『トマス・アクィナスの倫理思想』(創文社、1999年)

5講
会田雄次責編『マキアヴェリ』(世界の名著16、中央公論社、1966年)

安西徹雄『マキアヴェリの世界：欲望の人間学』（産業能率短期大学出版 1973年）
家田義隆『マキアヴェリ：誤解された人と思想』（中公新書、1988年）
佐々木毅『マキアヴェッリの政治思想』（岩波書店、1970年）
佐藤三夫『イタリア・ルネサンスにおける人間の尊厳』（有信堂高文社、1981年）
佐藤三夫訳編『ルネサンスの人間論：原典翻訳集』（有信堂高文社、1984年）
清水広一郎『中世イタリア商人の世界』（平凡社、1982年）
ピーター・バーク『イタリア・ルネサンスの文化と社会』（森田義之他訳、岩波書店、1974年）
ブルクハルト『イタリア・ルネサンスの文化』（上・下）（柴田治三郎訳、中公文庫、1974年）
マキアヴェッリ『君主論』（黒田正利訳、岩波文庫、1959年）
水田洋『近代人の形成』（東京大学出版会、1954年）

6講

エラスムス『平和の訴え』（箕輪三郎訳、岩波文庫、1961年）
加藤一夫『トマス・モアの社会経済思想』（未來社、1990年）
熊野義孝『マルティン・ルター：その生涯と信仰』（鱒書房、1947年）
斎藤美洲『エラスムス』（清水書院、1981年）
J. ホイジンガ『エラスムス：宗教改革の時代』（宮崎信彦訳、筑摩書房、1965年）
田村秀夫『ユートピアの成立：トマス・モアの時代』（中央大学出版部、1978年）
田村秀夫責編『トマス・モア研究』（イギリス思想研究叢書、御茶の水書房、1978年）
トマス・モア『ユートピア』（改版）（澤田昭夫訳、中公文庫、1993年）

トレルチ『ルネサンスと宗教改革』（内田芳明訳、岩波文庫、1959 年）
二宮敬『エラスムス』（人類の知的遺産 23、講談社、1984 年）
野田又夫『ルネサンスの思想家たち』（岩波新書、1963 年）
浜林正夫『イギリス宗教史』（大月書店、1987 年）
フリーデンタール『マルティン・ルターの生涯』（笠利他訳、新潮社、1973 年）
マルティン・ルター『現世の主権について』（吉村善夫訳、岩波文庫、1954 年）
渡辺一夫責編『エラスムス：トマス・モア』（世界の名著22、中央公論社、1980 年）

7 講

スウィフト『ガリヴァー旅行記』（平井正穂訳、岩波文庫、1980 年）
角山栄『時計の社会史』（中公新書、1984 年）
ペロー『ペロー童話集』（新倉朗子訳、岩波文庫、1982 年）

8 講

J. W. N. ワトキンス『ホッブズ』（田中他訳、未來社、1988 年）
田中浩『ホッブズ研究序説：近代国家論の生誕』（御茶の水書房、1982年）
デカルト『方法序説』（改版）（落合太郎訳、岩波文庫、1967 年）
デカルト『精神指導の規則』（改訳）（野田又夫訳、岩波文庫、1974 年）
ド・ラ・メトリ『人間機械論』（改版）（杉捷夫訳、岩波文庫、1957 年）
永井道雄責編『ホッブズ』（世界の名著 23、中央公論社、1971 年）
ホッブズ『リヴァイアサン』（1・2）（水田洋訳、岩波文庫、1954 年）
水田洋『近代人の形成』（東京大学出版会、1954 年）

9 講

太田可夫『ロック道徳哲学の形成：力について』（田中正司編、新評論、

1985年)
大槻春彦責編『ロック、ヒューム』(世界の名著32、中央公論社、1980年)
田中正司『ジョン・ロック研究』(増補)(未來社、1975年)
服部知文『英国経験論とロック哲学』(創文社、1974年)
平井俊彦『ロックにおける人間と社会』(ミネルヴァ書房、1964年)
ロック『教育に関する考察』(服部知文訳、岩波文庫、1967年)
ロック『市民政府論』(鵜飼信成訳、岩波文庫、1968年)
ロック『人間知性論』(1、2、3、4)(大槻春彦訳、岩波文庫、1972年)
ロック『利子・貨幣論』(田中他訳、東京大学出版会、1978年)

10講

板橋重夫『イギリス道徳感覚学派：成立史序説』(北樹出版、1986年)
田中正司編著『スコットランド啓蒙思想研究』(北樹出版、1988年)
平井俊彦『ロックにおける人間と社会』(ミネルヴァ書房、1964年)
Shaftesbury, *Characteristics of Men, Manners, Opinions, Times*, ed. by L. E. Klein, Cambridge University Press, 1999.

11講

大森郁夫編『市場と貨幣の経済思想』(昭和堂、1989年)
田中正司編著『スコットランド啓蒙思想研究』(北樹出版、1988年)
田中敏弘『マンデヴィルの社会・経済思想』(有斐閣、1966年)
マンデヴィル『続・蜂の寓話』(泉谷治訳、法政大学出版局、1993年)
マンデヴィル『蜂の寓話』(泉谷治訳、法政大学出版局、1985年)
山中・中村・藤田編『社会思想史講義』(新評論、1985年)

12講

伊藤哲『アダム・スミスの自由経済倫理観』(八千代出版、2000年)
田中正司編著『スコットランド啓蒙思想研究』(北樹出版、1988年)

ヒューム『市民の国について』(上・下)(小松茂夫訳、岩波文庫、1982年)
ホント、イグナティエフ編著『富と徳』(水田・杉山監訳、未來社、1990年)
モンテスキュー『法の精神』(上・中・下)(野田・稲本他訳、岩波文庫、1989年)

13講

アダム・スミスの会編『続アダム・スミスの味』(大河内一男編、東京大学出版会、1984年)
A. J. エア『ヒューム』(篠原久訳、日本経済評論社、1994年)
太田・鈴木他編『経済思想史：社会認識の諸類型』(名古屋大学出版会、1995年)
大槻春彦責編『ロック、ヒューム』(世界の名著32、中央公論社、1982年)
カント『プロレゴメナ』(篠田英雄訳、岩波文庫、1977年)
古賀勝次郎『ヒューム体系の哲学的基礎』(行人社、1994年)
古賀勝次郎『ヒューム社会科学の基礎』(行人社、1999年)
坂本達哉『ヒュームの文明社会：勤労・知識・自由』(創文社、1995年)
スミス『道徳感情論』(水田洋訳、筑摩書房、1973年)
ヒューム『人性論』(1、2、3、4)(大槻春彦訳、岩波文庫、1948、1951、1952年)
ヒューム『宗教の自然史』(福鎌忠恕・齋藤繁雄訳、法政大学出版局、1972年)
ヒューム『自然宗教に関する対話』(福鎌忠恕・齋藤繁雄訳、法政大学出版局、1975年)
ヒューム『市民の国について』(上・下)(小松茂夫訳、岩波文庫、1982年)
ヒューム『ヒューム政治経済論集』(田中敏弘訳、御茶の水書房、1983年)
ヒューム『奇跡論・迷信論・自殺論』(福鎌忠恕・齋藤繁雄訳、法政大学出版局、1985年)

ヒューム『人間知性の研究・情念論』(渡部峻明訳、晢書房、1990年)
ヒューム『道徳原理の研究』(渡部峻明訳、晢書房、1993年)
舟橋喜恵『ヒュームと人間の科学』(勁草書房、1985年)
星野彰男『市場社会の体系:ヒュームとスミス』(新評論、1994年)

14講

I. S. ロス『アダム・スミス伝』(篠原・只腰・松原訳、シュプリンガー・フェアラーク東京、2000年)
伊藤哲『アダム・スミスの自由経済倫理観』(八千代出版、2000年)
A. S. スキナー『アダム・スミスの社会科学体系』(田中・橋本他訳、未來社、1981年)
A. L. マクフィー『社会における個人』(舟橋・天羽・水田訳、ミネルヴァ書房、1972年)
小場瀬・平岡監修『哲学—ディドロ著作集第1巻』(法政大学出版局、1976年)
G. R. モロウ『アダム・スミスにおける倫理と経済』(鈴木・市岡訳、未來社、1992年)
J. レー『アダム・スミス伝』(大内兵衛・節子訳、岩波書店、1972年)
篠原久『アダム・スミスと常識哲学』(有斐閣、1986年)
鈴木信雄『アダム・スミスの知識=社会哲学』(名古屋大学出版会、1992年)
スミス『道徳感情論』(水田洋訳、筑摩書房、1973年)
スミス『国富論』(Ⅰ、Ⅱ、Ⅲ)(大河内一男監訳、中公文庫、1978年)
スミス『国富論』(1、2、3、4)(水田洋監訳、杉山忠平訳、岩波文庫、2000-1年)
スミス『道徳感情論』(上・下)(水田洋訳、岩波文庫、2003年)
只腰親知『「天文学史」とアダム・スミスの道徳哲学』(多賀出版、1995年)
田中正司『アダム・スミスの自然法学』(御茶の水書房、1988年)

田中正司編著『スコットランド啓蒙思想研究』（北樹出版、1988 年）
田中正司『アダム・スミスの自然神学』（御茶の水書房、1993 年）
田中正司『アダム・スミスの倫理学』（上・下）（御茶の水書房、1997 年）
田中眞晴編著『自由主義経済思想の比較研究』（名古屋大学出版会、1997 年）
D. ウィンチ『アダム・スミスの政治学』（永井・近藤訳、ミネルヴァ書房、1989 年）
D. ステュアート『アダム・スミスの生涯と著作』（福鎌忠恕訳、御茶の水書房、1984 年）
D. モルネ『十八世紀フランス思想』（市川・遠藤訳、大修館書店、1990年）
ディドロ・ダランベール『百科全書』（桑原武夫訳編、岩波文庫、1971年）
中川久定『ディドロのセネカ論』（岩波書店、1980 年）
中川久定『啓蒙の世紀の光のもとで』（岩波書店、1994 年）
新村聡『経済学の成立』（御茶の水書房、1994 年）
星野彰男『アダム・スミスの思想像』（新評論、1976 年）

索　引

サ　行

タ 行

ナ　行

ハ　行

〈著者紹介〉

伊藤　哲　（いとう　さとし）

1959年　鳥取県（米子市）生まれ

1986年　関東学院大学大学院経済学研究科修士課程修了

1986～89年　全国食糧事業協同組合連合会（全糧連）職員となる（業務部配属ならびに農林記者）

1989年　グラーズゴウ大学大学院人文系哲学科留学

1991年　グラーズゴウ大学大学院人文系哲学科 Dip. Pro. Phil. 取得
1993年より関東学院大学経済学部非常勤講師となる

1998年　関東学院大学大学院経済学研究科博士後期課程修了・博士（経済学）取得

現　在　関東学院大学・横浜市立大学・麗澤大学・LEC東京リーガルマインド大学非常勤講師（経済思想、社会思想史等担当）

〔主要著書〕

『知性の社会と経済』（共著）時潮社、1997年
『歴史としての近代』（共著）八千代出版、1998年
『アダム・スミスの自由経済倫理観』（単著）八千代出版、2000年
『交通と文化の史的融合』（共著）八千代出版、2002年他

ヒューマンネイチャーと社会
――近代経済社会を解く思想の扉――

2005年9月15日　第1版第1刷発行
2025年3月21日　第1版第4刷発行

著　者――伊　藤　　哲
発行者――森　口　恵美子
印刷所――新 灯 印 刷 (株)
製本所――(株) グ リ ー ン
発行所――八千代出版株式会社
〒101-0061
東京都千代田区神田三崎町2-2-13
TEL　03-3262-0420
FAX　03-3237-0723
振 替　00190-4-168060

ISBN978-4-8429-1373-5